Luis de Belmonte Bermúdez

El diablo predicador

Barcelona **2024**
Linkgua-ediciones.com

Créditos

Título original: El diablo predicador.

© 2024, Red ediciones S.L.

e-mail: info@linkgua.com

Diseño de cubierta: Michel Mallard.

ISBN tapa dura: 978-84-1126-117-3.
ISBN rústica: 978-84-9816-340-7.
ISBN ebook: 978-84-9897-057-9.

Sumario

Brevísima presentación

La vida

Luis Belmonte Bermúdez (Sevilla, ¿1598?-Madrid ¿1650?) España. Poeta, cronista de Indias y dramaturgo español del Siglo de Oro. Se discute su fecha de nacimiento, que parece demasiado tardía. Joven marchó a México y al año siguiente al Perú. Ya entonces se dedicaba de lleno a la literatura. Actuó como cronista y secretario en expediciones del general Pedro Fernández de Quirós y escribió una *Historia del descubrimiento de las regiones Austriales hecho por el general Pedro Fernández de Quirós*. Tras una nueva estancia en México regresó a España en 1616 y se estableció en Sevilla.

En 1620 vivió en Madrid y participó en las Justas poéticas de San Isidro. Desde entonces dejó la poesía y se consagró al teatro.

Es autor de dos poemas épicos: *La aurora de Cristo* y *La Hispálica*, este último sobre la conquista de Sevilla. Se conserva además media docena de piezas teatrales suyas; la más célebre es *El diablo predicador*. Que apareció como escrito anónimo por el desenfado y libertad de algunos caracteres, y solo tuvo problemas con la censura muchos años después.

Sus contemporáneos vieron en ella una exaltación de la orden franciscana y de la práctica de la caridad, pero después se entendió como una crítica anticlerical a causa del personaje cómico de fray Antolín. En esta obra Luzbel es castigado por san Miguel, a causa del hambre que hace pasar a unos franciscanos, a pedir limosna y tras ello se transforma en predicador.

Personajes

Feliciano, galán
El guardián de san Francisco
El gobernador de Luca
Luzbel
Octavia, dama
Juana, criada
Teodora
Ludovico
San Miguel
Asmodeo
Fray Antolín
Fray Pedro
Fray Nicolás
Alberto, criado
Celio, criado
Un niño Jesús
Nuestra Señora
Tres pobres

Jornada primera

Baja Luzbel, en un dragón.

Luzbel
¡Ah, del oscuro reino del espanto,
estancia del dolor, mansión del llanto,
donde ya de otro daño sin recelo
la desesperación es el consuelo!
Abrid; y tú, de quien mi rabia fía
de esa noble y eterna monarquía
el gobierno en mi ausencia,
ven a mi voz.

(Sale Asmodeo, por un escotillón.)

Asmodeo
Ya estoy en tu presencia;
pero, ¿qué te ha obligado
a que me llames?

Luzbel
¿No lo has penetrado?

Asmodeo
No, príncipe, si bien creo que es mucha
la causa.

Luzbel
La mayor.

Asmodeo
Pues, dilo.

Luzbel
Escucha.
Sobre este helado vestigio
en cuya forma triforme
di espanto en su Apocalipsi
al más venturoso joven,
para saber los que el yugo

de mi imperio reconocen,
en término de dos días
he dado la vuelta al orbe
y, de diez partes, las nueve
por las justas permisiones
del Criador eterno yacen
a mi obediencia conformes.
Los bárbaros sacrificios
me ofrecen, y adoraciones,
en las mentidas estatuas
de barro, de hierro y bronce.
La morisma en su vil secta,
y también otras naciones
que en una verdad disfrazan
mil diferentes errores,
sin que a ninguna de tantas
sus distantes horizontes
la disculpe de que al Dios
que todo lo hizo ignore,
pues no hubo en toda la tierra
clima tan ignoto donde
no llegasen, explicadas
por alguno de los doce
discípulos las verdades
de los cuatro historiadores;
ni parte donde el cruzado
leño, ya en llano o ya en monte,
no quedara por testigo
de su pertinacia torpe.
Solamente algunas partes
de la Europa se me oponen,
adorando al Uno y Trino,
y al Verbo por Dios y Hombre;
pero, aunque en ellas hay muchos

jardines de religiones
cuya agradable fragrancia
de sus penitentes flores,
penetra el eternos alcázar
para que a Dios desenoje
de lo mucho que le ofenden
los mismos que le conocen.
Los que me dan más tormento
son —iah, mi rabia me ahogue!—
esos hijos —sin nombrarle
será fuerza que le nombre—
de aquél por menor más grande,
de aquél más rico por pobre,
de aquel retrato de Dios
humanado tan conforme
que, si en un pesebre Cristo
nació, Francisco, por orden
también divina, un pesebre
para oriente suyo escoge.
Si tuvo, como maestro,
doce discípulos, doce
fueron los que de Francisco
siguieron también el norte.
Si el uno murió suspenso
de un árbol, no hay quien ignore
que otro de los de Francisco
murió pendiente de un roble.
Si de Jesús el sagrado
culto, la lluvia de azotes
le transformó en laberintos
de sangrientos tornasoles,
de la sangre de Francisco
todas las habitaciones
que tuvo parecen jaspes

salpicadas de sus golpes.
Si a Cristo la infame turba
le tejieron de cambrones
impía y regia diadema
que le hierra y le corone,
Francisco, en robusta zarza,
solo en los paños menores
castigando pensamientos
inculpable por veloces,
revolcado entre sus puntas
logró la zarza verdores
de laurel que coronaron
penitencias tan feroces.
Si cinco puntas abrieron
en aquel árbol triforme
al cielo en su Autor divino
siempre abiertas para el hombre,
¿no fue su retrato en ella
Francisco, aunque yo lo llore,
sino original traslado,
pues en una unión acorde
de manos, pies y costado
con increíbles favores?
De Dios mereció Francisco
en una, cinco impresiones
de penetrantes heridas,
que al recibirlas entonces
la dicha de su contacto
le lisonjeó los dolores.
Hasta otro Tomás curioso
tuvo, que incrédulo toque
la herida de su costado,
a cuyo cruel informe
un éxtasis doloroso

le dejó a Francisco inmóvil;
de suerte que le juzgaron
por tránsito sus menores.
Los hijos pues de este humilde
portento de perfecciones,
con el fruto de su ejemplo
son mis contrarios mayores.
Que el Hacedor soberano
castigara oposiciones
de quien, siendo su criatura,
pretendió de Criador nombre.
Vaya, que aun no fue el castigo
a mi delito conforme,
y no solo no me ofende
pero me añade blasones;
que su sacrosanta madre
pusiera en mi cuello indócil
la planta, cuyo coturno
de serafines compone.
No me irritó; que si es reina,
por infinitas razones
de las nueve órdenes bellas
tronos y dominaciones,
puesto que perder no puedo
mi ser angélico noble.
Mi reina es y no me ultraja
que su pie a mi cerviz dome.
Solo tengo por injuria
que a tantas persecuciones
estos míseros descalzos
tantos vencimientos logren;
que el ser tan flacos contrarios
los que a mi poder se oponen
de mi altivez acrecientan

más las desesperaciones.
Ellos al cielo conducen
más almas que ese salobre
piélago produce arenas,
más que cuantas plumas torpes
de tantos heresiarcas
han conducido legiones
de espíritus al infierno.
Y no, Asmodeo, te asombre
que si este mal no se ataja.
Muy presto no ha de haber donde
los remendados mendigos
la bandera no enarbolen
de aquél que, por su valiente
humildad mereció el nombre
de gran alférez de Cristo;
Y que aquella silla goce
que perdí cuando intentaron
mis soberbias presunciones
fijarla en el solio trino
poniendo en arma su corte.
Para esta empresa te llamo.
No fácil te la propone
mi ciencia porque después
de la del celeste monte
a ninguna tan difícil
se arrojaron mis rencores;
porque la regla que guardan,
como sabes, estos hombres
es la apostólica vida,
y no por inspiraciones
solamente instituida
porque Dios mismo esta orden
dictó a boca que Francisco

fue su secretario entonces.
El cual le dijo, piadoso
para con sus posteriores:
«¿Quién, Señor, guardará regla
tan cruel que se compone
de veinte y cinco preceptos
sin glosa ni explicaciones
con pena de mortal culpa
siendo humano?» Y respondióle:
«Yo criaré quien la guarde,
Francisco, no te congojes.»
Mas no le dijo que todos
uniformemente acordes
la guardarían; que fueran
vanos nuestras pretensiones.
Parte a España, y en Toledo
que es hoy de sus poblaciones
la mayor, siembra impiedades
en los de mediano porte,
y en los gremios, que éstos son
los que a estos frailes socorren,
estorbando que en sus pechos
la devoción fuerzas cobre;
que son, en lo que aprenden
tenaces los españoles.
No en los ricos te embaraces;
que más que tus persuasiones
hará la ambición en ellos;
y, aunque vean dos mil pobres,
no harán reparo ninguno;
que, como nunca estos hombres
ven de la necesidad
la cara, no la conocen.
Esto en general, que en todas

las reglas hay excepciones.
Yo en esta ciudad de Luca
me quedo, donde disponen
mis cautelas que estos frailes
la conservación no logren
de un convento que han fundado,
haciendo en sus moradores
que las limosnas conviertan
en vergonzosos baldones;
que ya casi persuadidos
los tengo a que son mejores
limosnas las que se hacen
a quien con obligaciones
lo pasan míseramente
que a los que vienen con nombre
de religiosos mendigos,
sin que a la ciudad importe
entre los demás que tengo
para que mi engaño apoyen.
Hay aquí un rico avariento
con quien fuera el que supone
la parábola piadoso
y liberal, cuyo nombre
es Ludovico, y ya llega
de Florencia su consorte,
tan infeliz como hermosa
y cuerda, pues antepone
a su pasión la obediencia
del padre que, siendo noble,
con este ambicioso bruto
la casó por verse pobre.
Pero es devota de aquella
de todos los pecadores
abogada, que la libra

de estas imaginaciones.
Pero ya llega a su casa.
Parte a España, que aunque invoquen
en su ayuda estos mendigos
las divinas protecciones,
he de hacer que esta segunda
nave de la iglesia choque
en los escollos de impíos
y rebeldes corazones,
negándoles el sustento,
o que en los bajíos toque
de la natural flaqueza
con que, por lo menos, logre
que en su poca confianza
sin que el piloto lo estorbe,
zozobre, si no se pierde
o encalle, si no se rompe.

Asmodeo   Príncipe de las tinieblas,
                  a tus preceptos responde
                  obedeciendo Asmodeo.
                  Desde hoy estén a tu orden
                  los espíritus impuros
                  del español horizonte.
                  Presto verás los del tosco
                  sayal con fuerzas menores
                  si Dios mismo en favor suyo
                  su autoridad no interpone.

(Sube Asmodeo en el mismo dragón que bajó Luzbel.)

Luzbel   Estos frailes dejarán
                  desamparado el convento
                  por la falta de sustento

si hoy limosna no les dan;
que con solo un pan ayer
que un pasajero les dio
todo el convento comió;
mas hoy no le han de tener;
que aunque el Guardián ha salido,
viendo su necesidad,
a pedir por la ciudad
ninguno le ha socorrido.
Mas ésta la casa es
de Ludovico, y por ella
va entrando su esposa bella;
pero llorará después
el haberse reducido
de su padre a la obediencia;
que su amante, de Florencia
desesperado ha venido
siguiéndola.

(Salen Ludovico, de camino, y criados, y por otra puerta Octavia y Juana.)

Ludovico   Conoció,
            sin duda, las ansias mías
            vuestro padre, pues dos días
            la dicha me anticipó;
                aunque también he sentido
            el que no me haya avisado
            para que hubiera logrado
            el haberos recibido
                con la ostentación forzosa
            diez millas de la ciudad.

Octavia   No quiero más vanidad,
            señor, que ser vuestra esposa;

	y así no os quise obligar a una fineza excusada.
Juana (Aparte.)	(Es que ya viene informada de lo que siente el gastar.)
Ludovico	Muy bien habéis respondido.
Juana (Aparte.)	(¡Qué presto se ha conformado!)
Octavia (Aparte.)	(Horror el verle me ha dado ¡Qué desdichada he nacido!)

[Aparte las dos.]

Juana	¿Qué te parece?
Octavia	No sé. Déjame; que estoy sin vida.
Luzbel (Aparte.)	(La mujer está afligida pero bien tiene de qué porque es el hombre peor de todos cuantos encierra el ámbulo de la tierra.)
Ludovico	Tan ufano está mi amor de poderos llamar mía que aún viéndolo no lo creo.
Octavia	Pues creed que mi deseo no esperó ver este día.

(Sale un Criado.)

Criado	Un florentín caballero que Feliciano se llama te quiere hablar.
Ludovico	¿Feliciano en Luca? Mucho me espanta.

(Aparte las dos.)

Juana	Él te ha venido siguiendo.
Octavia	Esto solo me faltaba.
Ludovico	Pues, ¿qué espera?
Criado	Tu licencia.
Ludovico	¿Quién es dueño de mi casa y de mí pide licencia?

(Sale Feliciano.)

Feliciano	Prevención fuera excusada el pedirle; pero supe que ahora de llegar acaba vuestra esposa, y mi visita juzgué que os embarazara.
Ludovico	Señor Feliciano, fuera de ser nuestra amistad tanta, caballeros tan ilustres honran siempre, no embarazan, y yo pienso que es mi esposa

vuestra deuda.

Feliciano	Y muy cercana;
	mas, como el padre la tuvo
	de todos tan recatada,
	nunca llegué a conocerla;
	que hasta que la vi casada
	siempre la tuve por otra.
Ludovico	Pues es cosa bien extraña.
Octavia	La condición de mi padre,
	como sabéis, fue la causa.
Feliciano	Y vuestra mucha obediencia.
	Gocéis, Ludovico, a Octavia
	los años que yo deseo.
Juana (Aparte.)	(Pues moriráse mañana.)
Luzbel (Aparte.)	(Tú harás que la goce poco
	si María no la ampara.)
Ludovico	¿Y a qué ha sido la venida
	a Luca? Que me alegrara
	de que fuera muy despacio.
Feliciano	Amigo, Luca es mi patria
	pero solamente vengo
	a vender de mi mediana
	hacienda lo que ha quedado
	y salir luego de Italia
	porque mi intento es servir
	al gran César de Alemania

pues ya, de mis pretensiones
murieron las esperanzas.
De veinte años en Florencia
entré, donde pleitaba
de por vida un mayorazgo
con asistencia del alma.
Vióse el pleito sin citarme
y, aunque mi abogado estaba
presente, en él tenía
neciamente confianza.
Nada en mi defensa dijo
porque la parte contraria
selló con oro sus labios;
que con solo una palabra
en que el hecho consistía
vieran mi justicia clara,
en fin, perdí el pleito.

Ludovico   Amigo,
todo el oro lo contrasta.
No hay cosa que lo resista.

Luzbel (Aparte.)   (Yo he de hacer, cuando no caiga,
que tropiece en la sospecha.)

Feliciano   Que ésa es verdad asentada.
Se ha visto bien, Ludovico,
en voz y en mi prima Octavia,
pues por hombre poderoso
gozáis la fénix de Italia.

Ludovico   Decís bien.

Octavia   Aunque el ser vos

parte tan apasionada
me aseguren de que son
lisonjas vuestras palabras,
si en la intención no me ofenden,
en lo que suenan me agravian.
Yo me casé por poderes
sin ver, con quien me casaba.
Claro está que no gustosa
pero tampoco forzada;
que no tienen albedrío
mujeres nobles y honradas.
Pero, si yo fuera mía,
ni todo el oro de Arabia,
creed, señor Feliciano,
que a casarme me obligara
con Ludovico, y decirle
que fue su hacienda la causa
cuando fuera verdad, fuera
verdad poco cortesana.

Feliciano   Yo le he dicho lo que siento
con llaneza, en confianza
de la amistad.

Ludovico   Yo sintiera
que de otra suerte me hablaras.

([Luzbel], acercándose a Ludovico [le habla al oído].)

Luzbel   Mas de Octavia la respuesta,
si bien se mostró enojada,
parece que es disculparse.

Ludovico   (Sin duda que quiso Octavia

disculparse con su deudo
por ser su nobleza tanta
que se casó con un hombre
que en la sangre no la iguala
pues le dijo que, a ser suya,
conmigo no se casara.
Aunque también ser pudiera...
Pero es ilusión.)

(Salen el Guardián, y fray Antolín, que es lego.)

Guardián   Deo gratias.

Antolín   Por siempre, pues callan todos.

Ludovico   ¿Cómo se entran en mi casa
(Aparte.)   sin llamar? (Con estos frailes
                                  tengo oposición extraña.)

Guardián   Abierta estaba la puerta.

Luzbel (Aparte.)   (Con éste no hago yo falta.
                                  Voyme adonde más importe.)

(Vase [Luzbel].)

Juana   Buen lance ha echado mi ama.

Ludovico   Pues, ¿a qué entraron?

Guardián   Entramos...

Antolín (Aparte.)   (Por voto mío no entrara.)

Guardián	...a darte el parabién...

Ludovico	Bueno.

Guardián

...a ti y a tu esposa Octavia,
y a pedirle que hoy siquiera,
porque el sustento nos falta,
mandes que nos den limosna.

Ludovico

Hoy está muy ocupada
toda mi familia, padres.
Váyanse, que me embarazan.

Guardián

Pues en el día que tomas
posesión tan deseada
de ti, sobre ser tan rico
como el que más en Italia,
¿no le darás a Dios algo
o en hacimiento de gracias,
o en albricias, cuando sabes
que nuestros hermanos pasan
necesidad tan extrema
que aún nos ha faltado el agua?

Ludovico

Yo he menester lo que tengo;
y si el sustento les falta,
¿por qué la ciudad no dejan?

Guardián

No es tan poco la constancia
de los hijos de Francisco.
Dios volverá por su causa
moviendo los corazones
y serenando borrascas
que ha levantado el infierno

en ti y en toda tu patria.

Ludovico   Salgan de mi casa luego
o saldrán por las ventanas.
¡Viven los cielos!

Feliciano   Tenéos.

Antolín   Vámonos, padre.

Ludovico   ¿Qué aguardan?
Váyanse presto.

Juana   ¡Ay, señora!
¿Con éste has de vivir?

Octavia   Juana,
morir será lo más cierto
pues nací tan desdichada.

Ludovico   Trabajen para el sustento,
o esperen que se le traiga
el que instituyó la regla.

Guardián   El demonio por ti habla.

Antolín   No tal; que él no ha menester
al demonio para nada.

Ludovico   ¿Hay mayor atrevimiento?

Feliciano   Padres, por Dios, que se vayan.

Ludovico   Matad esos vagamundos.

Feliciano	¿Qué decís?
Octavia	Esposo, basta.
Antolín	¡Por mi padre San Francisco que le ha de servir de vaina el que llegue a este cuchillo!
Guardián	Hermano...
Antolín	Dios no me manda que me deje matar.
Guardián	Vamos, y tengamos confianza; que Dios dijo a nuestro padre que jamás a su sagrada religión le faltaría el sustento.
Antolín	Pues ya tarda, padre mío.
Guardián	Tenga, hermano Antolín, fe y esperanza.
Antolín	Fe y esperanza me sobran; la caridad me hace falta.

(Vanse los dos.)

Ludovico	No volvieran al convento si presentes no os hallarais

	vos, por vida de mi esposa.

Juana
    Éste no es cristiano.

Octavia
               Calla.

Feliciano
    En lástima se convierte
ya de mis celos la rabia.

(Sale un Criado.)

Criado
    Ya las mesas están puestas
y los músicos aguardan.

Ludovico
    Entrad, porque honréis mi mesa.

Feliciano (Aparte.)
    (Por si puedo hablar a Octavia
lo acepto.) Yo soy quien puede
honrarse con merced tanta.
Vamos.

Octavia (Aparte.)
    (Que se quede siento.)

Ludovico (Aparte.)
    (No creí que lo aceptara.)

Octavia
    (¡Ay, Feliciano! ¡Qué presto
de mí has tomado venganza!)

Vanse. Salen el Guardián, y fray Antolín con piedras en las manos.

Guardián
    Deje las piedras.

Antolín
    ¿Cómo que las deje?
Y si sale un criado de este hereje

tras nosotros, verá con la presteza
que un par de ellas le escondo en la cabeza.

Guardián   La crueldad y la ira,
fray Antolín, de este hombre no me admira
en tan protervo como impío pecho.
Solo me admira el huracán deshecho
que el demonio en seis días solamente
ha levantado en la piadosa gente
que limosna nos daba;
que, en fin, aunque no mucha nos bastaba.

Antolín   Padre Guardián, mientras que da el aviso
a nuestro general, será preciso
los cálices vender.

Guardián   No querrá el cielo
que llegue a tan notable desconsuelo
nuestra necesidad.

Antolín   ¡Qué gentil flema!
Pues, ¿a qué ha de llegar si ya es la extrema?
Mas estas piedras que convierta espero
en pan un cierto amigo tabernero
que hace su fe milagros cada día.

Guardián (Aparte.)   (Sin duda, con el hambre desvaría.)

Antolín   Que hará pan de las piedras imagino
quien sabe convertir el agua en vino.

Guardián   Aquí vive Teodora. Llame, hermano,
a su puerta.

(Llama y sale Luzbel.)

Luzbel (Aparte.)   (Esta vez llamará en vano.)

(Dentro como enfadada.)

Teodora   ¿Quién es?

Antolín   No tiene traza la Teodora
                         de dar nada.

Guardián   Dos frailes son, señora,
                         Franciscos.

(Sale Teodora [y habla Luzbel aparte a ella.])

Luzbel   Tienes hijos y estás pobre.

Teodora   Padres, pidan limosna a quien le sobre;
                         que yo tengo en mi casa
                         muchos que sustentar y es muy escasa
                         mi hacienda.

Guardián   Sí, será; mas ni un bocado
                         de pan en toda la ciudad me han dado.
                         Dánosle tú, por Dios, que en Él espero
                         que le pague.

Teodora   Mis hijos son primero.
                         Perdonen.

Antolín   La razón es concluyente.

Guardián   ¡Oh, lo que sabe la infernal serpiente!

Luzbel (Aparte.)	(De poco os admiráis; mas ya, inspirado de mí, el gobernador viene irritado. Hacia esta parte conducirle espero.)
Antolín	De la serpiente querellarme quiero.
Guardián	¿A quién?
Antolín	A Dios; que es mucho atrevimiento el hacer que nos quiten el sustento. Las demás tentaciones, silicios, disciplinas y oraciones puedo vencer; pero no es para sufrida tentación que nos quite la comida; que el natural derecho es lo primero. Ayer nos dejó un pan de pasajero y antes que le soltara de las manos todos a él nos fuimos como alanos; y el buen hombre, asustado y afligido, viéndose de los frailes embestido, juzgó su muerte cierta; y sacando los pies hacia la puerta decía: «Yo no he hecho mal ninguno, padres, ténganse allá. ¿Tantos a uno?».
Guardián	Padre, pues Dios lo permite, que esto nos conviene crea.
Antolín	Yo lo creo en cuanto al alma; pero una hambre tan fiera, padre Guardián, mucho dudo que a mi cuerpo le convenga. Y si el demonio me embiste,

quien no come no pelea.

Guardián   Seráfico padre mío,
¿qué es esto? En tan opulenta
ciudad, tan cristiana y noble,
¿permitís vos que convierta
contra vos, en vuestros hijos,
del demonio la cautela
tantos blandos corazones
en duras rebeldes piedras?
Bárbara gente, mirad
que vuestros sentidos ciega
el enemigo de toda
la humana naturaleza.
Dad limosna a San Francisco;
que no hay empleo que tenga
tan segura la ganancia,
pues todo el cielo granjea.
Dadle a Dios algo; que el pobre
es su semejanza mesma.
No le cerréis, ciudadanos,
a la piedad las orejas.

Antolín   ¿Mas que en vez de pan volvemos,
padre, cargados de leña,
si no calla?

(Salen el Gobernador y criados, y Luzbel, detrás de él.)

Luzbel (Aparte.)   (No permitas
que ciudad que tú gobiernas
alboroten estos frailes
que ser humildes profesan.)

Gobernador	¿Qué voces son éstas, padres? ¿Por qué la ciudad alteran?
Guardián	Gobernador generoso, doy voces porque nos niegan la acostumbrada limosna con que el perecer es fuerza; que mi religión ni tiene ni pueda tener hacienda. Solo la piedad cristiana es quien la ampara y sustenta; pero está en segura finca ya que ésta es la vez primera que faltó a frailes franciscos, ni en la villa más pequeña, el sustento.
Luzbel (Aparte.)	(Si les falta ¿por qué la ciudad no dejan?)
Gobernador	Pues si esta ciudad es, padre, tan mala que solo en ella les ha faltado el sustento, el irse donde le tengan será el más prudente medio y el más fácil.
Guardián	Quien gobierna tan ilustre y quien la ley de Cristo profesa, ¿eso responde? ¿Qué más un alarbe respondiera?
Luzbel (Aparte.)	(¿Esto sufres?)

Gobernador   Pues, ¿conmigo
                    habla con tal desvergüenza?
                    Bastantes pobres tenemos
                    naturales de esta tierra
                    que ya trabajar no pueden
                    y es la obligación primera
                    de la ciudad sustentarlos,
                    y es limosna más acepta
                    que en ellos. Váyanse luego.
                    Quítense de mi presencia;
                    que, ¡vive Dios...!

Guardián   Los infieles
                    el pobre sayal respetan
                    de mi padre San Francisco;
                    y pues que tú le desprecias,
                    siendo cristiano, sin duda
                    mueve el demonio tu lengua.

Gobernador   No mueve sino la tuya
                    porque justamente pueda
                    castigar tu atrevimiento.
                    Pregonad luego que, pena
                    de perdimiento de bienes
                    nadie en la ciudad se atreva
                    a dar limosna a estos hombres.

(Vase [el Gobernador] y los criados.)

Antolín   Ella es gente tan perversa
                    que está de más pregonarlo.

Guardián   ¡Que tan bárbara fiereza

34

quepa en un pecho cristiano!
¡Qué más Diocleciano hiciera?

(Dentro.)

Gobernador   ¡Echadlos de aquí o matadlos!

Antolín   Buena la hemos hecho.

(Dentro.)

Voces   ¡Mueran!

Luzbel (Aparte.)   (No es eso lo que pretendo.)

Antolín   ¡Por Dios, que nos apedrean!
Huyamos, padre, al convento
pues que le tenemos cerca.

Guardián   Gente sin fe, deteneos.

Antolín   Corra; que en la diligencia
consiste en salvar las vidas.

(Dentro.)

Voces   ¡Mueran estos frailes, mueran!

Antolín   Aprisa, padre.

Guardián   Dios mío,
¿qué persecución es ésta?

(Vanse los dos.)

Luzbel	Logré, a pesar de Francisco,
	mi intento. Ya será fuerza
	que el convento desamparen.
	Pero, ¿qué resplandor ciega
	mi vista?

(Aparecen el Niño Jesús, cubierto el rostro con un velo, y San Miguel.)

San Miguel	Infernal serpiente,
	yo humillaré tu soberbia.

Luzbel	¿Miguel?

San Miguel	¿Cómo imaginaste,
	no ignorando la promesa
	que hizo el Criador a Francisco,
	quitarle el sustento puedan
	de tu envidia los engaños?

Luzbel	Ninguno, con más certeza
	que yo, sabe que no puede
	faltar su palabra inmensa;
	mas faltar su confianza
	puede, y ya su gran fineza,
	que ya, si aún no les falta,
	indecisa titubea;
	pero mi triunfo no estriba
	en que estos hombres no tengan
	el alimento preciso
	sino en los que se le niegan.

San Miguel	Pues tú mismo lo que has hecho
	deshaz, para que obedezca

Ludovico la ley santa.

Luzbel   ¿Yo contra mí mesmo? ¡Pesia
                mi desdicha!

San Miguel   Y fabricar
                otro convento en que tenga,
                a pesar tuyo, Francisco
                más hijos de su obediencia.

Luzbel   Pues yo, ¿cómo?

San Miguel   No repliques.
                Lo mismo has de hacer que hiciera
                Francisco. Ve a su convento,
                y a sus frailes con prudencia,
                el querer desampararle
                reprehende, y por tu cuenta
                corre desde hoy su alimento,
                y ha de ser para que puedan
                sustentar algunos pobres,
                como lo manda la regla
                que Dios dictó. Parte luego,
                y hasta tener orden nueva,
                lo que te mando ejecuta
                sin que en nada retrocedas
                porque otra vez a Francisco
                en sus frailes no te atrevas.

(Va subiendo la apariencia poco a poco mientras Luzbel dice estos versos.)

Luzbel   Preciso es; mas permitidme
                que de tan cruel sentencia
                mis sentimientos apelen

al alivio de la queja.
Vos, ¿no le disteis al hombre
porque a lo mejor atienda,
dejando aparte los cinco
sentidos, las tres potencias?
¿A la voluntad no basta
su entendimiento por rienda?
También al entendimiento,
¿su memoria no le acuerda
la brevedad de la vida,
que hay muerte, que hay gloria y pena?
Si esto no basta, ¿no tiene
celestial inteligencia
que le auxilia por instantes?
Bien ventajoso pelea
que yo no tengo más armas
que su natural flaqueza.
Si éstas vuestra soberana,
absoluta omnipotencia
no solamente me quita
tantas veces que use de ellas,
sino hoy me manda que yo
contra mí mismo las vuelva,
¿para qué son permisiones?
Sálvense todos, no tenga
el hombre voluntad propia.
Solo se cumpla la vuestra;
pero, ¿para qué me canso
si el ejecutarlo es fuerza?
Porque, a mi pesar, los hombres
a obedeceros aprendan.

(A un tiempo se cubre la apariencia, vase Luzbel, y salen el Guardián, fray Antolín, fray Pedro, y fray Nicolás.)

Antolín	A tanto extremo ha llegado.
Guardián	Padre, ¿eso ha sucedido?
Antolín	Milagro patente ha sido el haber vivos llegado.
Nicolás	Jamás en tan grande aprieto convento nuestro se vio.
Guardián	Limosna tal vez faltó mas perderles el respeto con extremo semejante, tan a cara descubierta, no se ha visto.
Antolín	Hasta la puerta llegó el escuadrón volante de muchachos, disparando piedras, y uno dijo: «Ésta vaya del lego a la testa». Pero no se fue alabando el mancebo, ¡voto a tal!, del intento aunque fue vano; que yo llevaba en la mano como un puño un pedernal, y a darle las gracias fue.
Guardián	Pero, ¿le hizo algún mal?
Antolín	No. Las narices le aplastó.

Guardián	¿Qué dice, hermano?

Antolín	Sí, a fe.

Guardián	Pero, ¿le hizo sangre?

Antolín   Risa
me da; pues, ¿no era forzoso?

Guardián	¡Jesús! ¡Sangre en un religioso!

Antolín	A bien que no soy de misa.

Pedro   Padre Guardián, ya nos vemos
con tan gran necesidad
que salir de esta ciudad
luego es fuerza. No esperemos
a que después no podamos.

Nicolás   El esperar a mañana,
padre, es esperanza vana,
y de la suerte que estamos,
otro día más pudiera
con las vidas acabar.

Guardián   A poderlo remediar
con la mía, la perdiera
gustoso en esta ocasión
por lo que se ha decir
y porque lo ha de sentir
toda nuestra religión.

Antolín   Solo por la fe la vida,
padre, se debe perder;

40

mas morir de no comer
es necedad conocida.
Que al derecho natural
ningún precepto prefiere;
y el primero que yo viere
con pan, por bien o por mal,
conmigo habrá de partir
aunque un obispo le traiga.
Y si no, caiga el que caiga.

Guardián   ¿Eso un fraile ha de decir?

Antolín   Y lo haré.

Nicolás   Padre Guardián,
nuestro padre San Francisco
manda que, si no quisieren
en algún pueblo admitirnos,
pasemos donde seamos
con caridad recibidos;
sin que prevenir pudiera
que donde la ley de Cristo
profesan nos maltrataran,
ni que hubiera tan impío
Gobernador que mandara,
pena de bienes perdidos,
que nadie nos dé limosna.

Guardián   Padres, ya estoy convencido.
En su custodia llevemos
el Sacramento Divino
descubierto hasta salir
de la ciudad, que no fío
de esta gente. Las reliquias

llevar también es preciso
repartidas entre todos.

Antolín   Y el hermano jumentillo
las casullas y ornamentos
llevará si es que está vivo
porque ayer le hallé comiendo
de su refectorio mismo
la mesa.

Guardián   Vamos.

(Sale Luzbel, vestido de fraile.)

Luzbel   Deo gratias,
(Aparte.)   hermanos. (¡Fiero castigo!)

Guardián   ¡Válgame Dios! ¿Quién es, padre?
Que de verle aquí me admiro.

Antolín   ¿Por dónde ha entrado este fraile?

Nicolás   Por la puerta no ha podido
que yo la cerré.

Luzbel   No hay puerta
cerrada al poder divino.
Él es quien, sin que pudiera
excusarme, me ha traído
desde tan ignoto clima,
que el puesto donde yo asisto
en mi vocación constante,
el Sol, general registro
o le perdonó por pobre

o dejó por escondido.

Guardián   Dígame, ¿qué nombre tiene?

Luzbel   Mi nombre es y mi apellido
fray Obediencia Forzado,
de antes Querub...

Antolín   Vizcaíno
debe de ser el tal fraile.

Guardián   Parece varón divino.

Antolín   Bien su palidez lo muestra.

Luzbel   Pues jamás tan encendido
tuve el espíritu.

Guardián   Padre,
díganos pues a qué vino;
que nos tienen recelosos
sus palabras y el prodigio
de entrar cerradas las puertas.

(Aparte.)   (Algún engaño imagino
de nuestro común contrario.
¡Temblando estoy!)

Antolín   Yo apercibo
hisopo y agua bendita
por si acaso es el maligno.

Luzbel   No temen, y esténme atentos.
Orden traigo de Dios mismo
a boca de reprehenderles

43

la poca fe que han tenido
los que siguen la bandera
del gran alférez de Cristo.
¿La plaza que les entrega
desamparan fugitivos?
No ha dos días naturales
que puso en contrario el sitio.
¿Cómo desmaya tan presto
de vuestra esperanza el brío?
Los que debieran ser rocas,
de corazones impíos
a los embates, ¿qué oponen,
siendo culpa lo indeciso,
a riesgos amenazados,
temores ejecutivos?
Sabiendo que a nuestro padre
prometió Dios que a sus hijos
no faltaría el sustento,
¿incurren en un delito
tan grande como el pensar
que pueda lo que Dios dijo

(Aparte.)   faltar? (¡Que yo tal pronuncie!)
(Aparte.)   Crean... (¡Volcanes respiro!)
...que cuando de todo el orbe
cerraran a un tiempo mismo
los vivientes racionales
a la piedad los oídos,
los ángeles les trajeran
el sustento prometido
de su Criador, o el demonio
porque fuese más prodigio.

Antolín   Con el fervor echa llama
por los ojos.

Guardián	Padre mío,
	bien se ve que es enviado
	de Dios, pues tanto han podido
	sus palabras que mil vidas
	diera primero a los filos
	de la hambre, que dejar
	de mi padre San Francisco
	la casa.
Pedro	No habrá ninguno
	de sus verdaderos hijos
	que no dé por Dios la vida.
Nicolás	Y estarán todos corridos,
	padre, de haber intentado
	volver al espalda al peligro.
Luzbel	(Lo que fue natural miedo
	en mérito han convertido.
	¡Qué presto a lo mejor vuelven
	los que de Dios asistidos
	están!)
Antolín	Padre, ésta es pregunta.
	Estándome yo quedito,
	sin buscar algo que coma,
	¿será padecer martirio
	por Dios el morir de hambre?
Luzbel	Juzgo que no; mas le afirmo
	que coma muy presto.
Antolín	Luego,

fuera mejor, padre mío;
que ya se cierra el gaznate.

Luzbel   Hermanos, con sacrificios
satisfagan la amorosa
queja del Autor Divino.
De su alimento me encargo
desde luego haciendo oficio
de limosnero.

Antolín   ¿Limosnas
en esta ciudad? Me río.

Luzbel   Presto saldrá de este engaño;
que el hermano ha de ir conmigo.

Antolín   Yo no me atrevo.

Luzbel   No tema,
fray Antolín.

Antolín   ¿Quien le dijo
mi nombre?

Luzbel   Yo le conozco.
Padre Guardián. No dé indicio
de temor. Abra esas puertas.

Guardián (Aparte.)   (Éste es ángel. No replico.)

Antolín   Alguna sarna se cura
el padre; que el olorcillo
es de azufre.

Guardián (Aparte.)   (Mas ya el cielo
me da de quién es aviso.
¡Válgame Dios!)

Luzbel   A los frailes
anime; que están rendidos.

Guardián (Aparte.)   (Encubrir este portento
por los frailes es preciso.)

Luzbel   Váyanse al coro y no teman;
que mientras yo les asisto,
seguro estará de lobos
este redil de Francisco.

Guardián (Aparte.)   (Sí, pues ya Dios en triaca
el veneno ha convertido.)

(Vanse el Guardián, fray Pedro y fray Nicolás, y quedan solos fray Antolín y
Luzbel.)

Luzbel   Tome las arguenas, padre,
porque traiga lo preciso
esta noche; que mañana
se llevará el jumentillo.

Antolín   Yo creo que volveremos
al convento con lo mismo
que llevamos.

Luzbel   Tan cargado
ha de volver, sin pedirlo,
que ha de llegar al convento
muy cansado.

47

Antolín	Y aun molido si me encuentran los muchachos.
Luzbel	No tema, pues va conmigo; que mientras les asistiere no hay que recelar peligros.
Antolín	Pues, ¿por qué?
Luzbel	Porque ya tiene su mayor contrario amigo.

Fin de la primera jornada

Jornada segunda

(Salen el Guardián, fray Pedro, y fray Nicolás.)

Pedro
>Él es varón prodigioso,
>padre Guardián. Sus portentos
>el ser humano desmienten.

Guardián
>De muchos santos leemos,
>padre, portentos tan grandes
>y eran humanos.

Nicolás
>Es cierto,
>y que podía Dios en éste
>obrar lo que en aquellos
>y más, si fuere servido.

Pedro
>Claro está; pero no es eso
>lo que nos tiene confusos
>sino ignorar en qué reino
>o en qué provincia este santo
>tomó el hábito; porque esto
>ni él ha querido decirlo
>ni hemos podido saberlo
>con que juzgo que no es fraile.

Guardián (Aparte.)
>(Ni aun quisiera parecerlo.)

Nicolás
>Yo he pensado que es Elías
>porque manda con imperio
>notable y con aspereza.

Guardián (Aparte.)
>(No asistiera en tan ameno
>país.)

Pedro	Yo creo que es ángel.
Guardián (Aparte.)	(Puede ser, pero no bueno.)

Pedro   Porque sufrir cada día
un trabajo tan inmenso
como andar la ciudad toda
y asistir en el convento,
que labra con tanta priesa,
trabajando y disponiendo
y hallarse presente en casa
cuando importa, siendo cuerpo
humano, fuera imposible
sin que tal vez por lo menos
el cansancio le rindiera.

Guardián   Solo asegurarle puedo,
padre, que Dios le ha enviado;
no examinemos sus misterios.
A fray Forzado obedezcan
en todo, pues cuanto ha hecho
y cuanto ha mandado es justo;
que yo también le obedezco
y soy su guardián.

(Sale fray Antolín.)

Antolín   No hay parte
segura de este hechicero.
Dos gazapos me ha sacado
que escondí en un agujero
con una vara de hondo.
Por mi mal vino al convento.

Él ha dado en perseguirme.

Guardián   Fray Antolín, pues, ¿tan presto
se vuelve a casa?

Antolín   Sí, padre,
que dos veces el jumento
y yo venimos cargados
y es fuerza volverme luego;
que quedan muchas limosnas
por traer.

Guardián   Gracias al cielo.
¿Dónde queda fray Forzado?

Antolín   No sé; que solo le veo
cuando él quiere que le vea.
En la obra del convento
que labra está todo el día;
pero no deja por eso
de entrar en más de mil casas.
Él camina más que el viento
y trabaja por cien hombres.
En la fábrica un madero
no le pudieron subir
veinte hombres. Llegó a este tiempo
y asiéndolo por el cabo
a no agacharse tan presto
los que arriba le esperaban
los birla y vienen al suelo.

Guardián   Ésa, bien se ve que es fuerza
sobrenatural.

Antolín   A tiempos
                           está que parece un ángel
                           y otras veces en el cielo
                           pone los ojos y brama
                           como un toro, y yo sospecho
                           que, aunque él disimula, tiene
                           muchos males encubiertos,
                           y sin duda que son llagas;
                           que huele muy mal el siervo
                           de Dios.

Guardián   Calle; que ya viene.

(Sale Luzbel.)

Luzbel   Deo gratias.

Guardián   En la tierra y cielo
                           se las den ángeles y hombres.

Antolín   Temor me causa y respeto.

Pedro   Y a todos.

Guardián   Sea bien venido
                           su caridad.

Luzbel   Vaya luego
                           fray Antolín a la casa
                           de don César que allá dejo
                           seis aves y unas conservas.
                           Tráigalas y al enfermero
                           las entregue.

Antolín	Voy volando.
	Venga conmigo, fray Pedro.

(Vanse.)

Guardián	¿En qué estado tiene, padre, fray Obediencia, el convento que labra?
Luzbel	Ya está acabado.
Guardián	¿De todo punto?
Luzbel	El blanqueo le falta.
Guardián	Que me ha admirado la brevedad le confieso.
Luzbel	Pues habiendo cinco meses que se abrieron los cimientos, me han parecido cien años. Más de mi parte no he puesto sino el hallarme presente a todos, buscar dinero y trazar la arquitectura; pero, si el Autor Eterno me lo hubiera permitido, en cinco días y en menos hiciera más que cien hombres en cinco meses han hecho.
Guardián (Aparte.)	(No darme por entendido será mejor.) ¡Bien lo creo!

Pero Dios no hace milagros
sin necesidad de hacerlos.

Luzbel   El milagro yo le hiciera;
que bastante poder tengo
si Dios no me lo coartara.

Guardián   Ya de quién es estoy cierto;
no ha menester explicarse.

Luzbel   No lo ignoro.

Guardián   Y de que es menos
su poder que el de mi padre
San Francisco.

Luzbel   El valimiento,
padre Guardián, que su padre
tiene con el Rey Eterno,
es su poder, y que es grande
por esa parte confieso;
mas no es poder el poder
que necesita del ruego.

Guardián   Pues, ¿qué poder no procede
del de Dios?

Luzbel   No argumentemos.
Tenga humildad; que conmigo
el que sabe más es lego.

Guardián   Eso nunca lo he dudado;
mas no pudo, por lo menos,
con cuanto puede y alcanza,

	lograr su mayor deseo.
Luzbel	¿No? Pues diga, padre, ¿en mí qué castiga Dios?
Guardián	Su intento.
Luzbel	Él es muy buen religioso, padre Guardián, pero necio. Cuando yo llegué, ¿no estaban cobardemente resueltos a dejar él y sus frailes desamparado el convento? Luego de parte suya logré mi intención, supuesto que, por mirarlos vencidos, se puso el Criador en medio. Déle gracias del prodigio que mira; pero creyendo que, a ser su constancia más, fuera mi castigo menos.
Guardián (Aparte.)	(Muy bien me ha mortificado.)
Luzbel	Es preciso hacer lo mesmo que, vivo, hiciera Francisco. Mire si pesar tan fiero será mortificación mayor, sobre el vituperio de que el sayal de Francisco me disfrace, aunque supuesto.
Guardián	Nunca se vio tan honrado desde que cayó del cielo.

Luzbel	La memoria le ha faltado con el desvanecimiento que le ha dado, pues se olvida de que su origen primero procede de polvo o barro.
Guardián	No me olvido. Bien me acuerdo de que Dios al primer hombre de aquel barro damasceno hizo con sus propias manos; y el ángel le costó menos cuidado, pues con un fiat...
Luzbel	Esa materia dejemos que ni es de aquí ni él la sabe; además de que no tengo permisión de responderle. ¿Cuándo quiere que empecemos, padre, la fundación nueva?
Guardián	Si le parece, sea luego.
Luzbel	A mí me importa. ¿Qué frailes la han de empezar?
Guardián	Yo no puedo nombrarlos. A cargo suyo está elegir los sujetos y el número. Por mi cuenta corre solo el cumplimiento de todo lo que ordenare.
Luzbel	¡Qué falso está! Pero el tiempo

llegará presto en que pase
otra vez de extremo a extremo.

Guardián   Dios querrá que tus astucias
nos den más merecimientos.

Luzbel   Si Dios lo ha de hacer, no dudo
que será fácil; mas ellos
ya sé yo cómo pelean.

Guardián   Que soy de barro confieso.

Luzbel   Mire que ya sus ovejas
entran a pacer, y pienso
que al pastor esperan. Vaya,
y cuide de que, en comiendo,
no se esparzan porque puede
perderse alguna.

Guardián   Yo creo
que es ociosa diligencia;
mas él las guarde si hay riesgo,
pues Dios le ha traído a ser
de sus ovejas el perro.

(Vase.)

Luzbel   Fuerza será, pues rabiando
morder a ninguna puedo;
mas de otra suerte algún día
yo y el pastor nos veremos.

(Vase. Salen Feliciano y Juana.)

Feliciano	¿Salió Ludovico ya?
Juana	Sí, mas te cansas en vano; que a no verte, Feliciano, resuelta mi ama está.
Feliciano	¡Tanto rigor!
Juana	No es rigor; que antes me ha dado a entender...
Feliciano	¿Qué?
Juana	...que el no quererte ver nace de tenerte amor; que es virtuosa y honrada y dice que aun el más leve pensamiento excusar debe pues ya, en fin, está casada. Su padre anduvo cruel.
Feliciano	Al fin ella fue vencida.
Juana	¡Y mire a quién! Mejor vida pasáramos en Argel. No se ha visto hombre tan fiero si algún pobre se le llega, y más mientras más le ruega. Solo un fraile limosnera de San Francisco porfía y le trae desesperado. Ni una limosna le ha dado pero él viene cada día y le ha querido matar;

pero solo con que el santo
le mire, le pone espanto
y no se atreve a llegar.
A un pobre ayer un criado
un poco de pan le dio,
y al punto le despidió
después de muy mal tratado.
Mi señora no ha tenido
moneda de plata o cobre
con que dar limosna a un pobre
ni él lo hubiera consentido.
De esto está tan afligida
mi ama y con tal temor
que el verle la causa horror.

Feliciano   Juana, aunque doy por perdido
                   mi esperanza, le ha de hablar
                   esta vez, quiera o no quiera;
                   pero será la postrera.

Juana   Pues si lo quieres lograr,
                   a esa cuadra te retira;
                   que sale y se ha de volver
                   luego que te llegue a ver.

Feliciano   Bien dices.

(Éntrase.)

Octavia   ¡Qué mal lo mira
                   el padre que, solamente
                   en su codicia fundado,
                   a su hija la da estado!
                   Que la mujer más prudente,

59

si a su esposo aborreciendo
está y a otro tiene amor,
bien podrá guardar su honor
pero vivirá muriendo.
¡Juana!

Juana

¿Que siempre has de estar
hablando contigo?

Octavia

Sí.

Juana

Feliciano ha estado aquí.

Octavia

No le vuelvas a nombrar,
si algún gusto quieres darme,
mientras yo presente esté.

Juana

De aquí adelante lo haré.

(Sale Feliciano.)

Feliciano

¿Qué? ¿Ya te ofende el nombrarme?

Octavia

Sí, Feliciano, y el verte
mucho más. Vete al instante
o iréme yo.

Feliciano

Tente.

Octavia

Suelta.

Feliciano

Vive Dios, que has de escucharme
sola esta vez; que en mi vida
volveré a verte ni hablarte.

| Octavia | Di pues, y verás que en ti |
| | no hay razón para culparme. |

Feliciano	Pues, ¿cómo negarme puedes
	que más de un mes me ocultaste
	el intento, que sabías
	de tu interesado padre?
	Si amenazas ni violencias
	fueran disculpa bastante,
	aun eso no tienes, puesto
	que no intentó violentarte.
	¿Qué disculpa tener puede
	una mujer de tu sangre
	de haber rompido palabra
	que tantas veces firmaste?
	No solo no replicaron
	tus labios ni tu semblante,
	mas fue menester mentir
	para que te desposasen,
	pues dijiste que jamás
	palabra le diste a nadie;
	y en este papel postrero
	que eras mía confesaste.
	Certificaciones tuyas
	son éstas con que pagaste
	diez años que, en guerra vida
	de amor, seguí tu estandarte,
	haciendo mi fe la posta,
	todo este tiempo constante,
	las noches en tus ventanas,
	los días en tus umbrales.
	Mujeres tan nobles...

Octavia   Tente;
que, aunque a mi decoro falte,
has de saber que tú fuiste
la causa de mis pesares.
Algunas sospechas tuve
de que intentaba sacarme
mi padre, mas no certezas
de que pudiese avisarte;
pero mi padre mismo,
como a primo de mi madre,
te dio parte de mi empleo
y en él presente te hallaste.
¿Por qué dices que aquel día
se vio el pleito sin citarte?
¿Ni que le perdiste, puesto
que no quisiste ganarle?
¿Para qué con tantos ruegos,
si no habían de importarte,
me pediste, Feliciano,
que mis papeles firmase?
¿No te escribí ese papel
postrero tres días antes
de aquel infelice día?
Pues si tú estabas delante,
y era sobrado instrumento
para que lo embarazases
pues digo en él que soy tuya,
¿por qué no lo presentaste?
Primero que el sí le diera
de mi desdicha a mi padre
delante de tanta gente
dije, volviendo a mirarte:
«Ya llegó el lance forzoso.»
¿Por qué entonces no llegaste?

¿Fuera justo, Feliciano,
callando tú, que yo hablase?
¿Qué importó que me sirvieras,
hecho estatua de mi calle,
soldado de Amor diez años,
si en la ocasión me faltaste?

(Quítale el papel.) Este papel dice —¡suelta!—:
«No hay de qué sobresaltarte;
que esposa tuya es Octavia.»
¿Quién es quien puede quejarse?
A voluntad tuya puse
el plazo. ¿Quién fuera parte,
confesando yo ser mío,
para dejar de cobrarle?
Yo hice, en fin, Feliciano
cuanto pude de mi parte.
Arbitrio en tu pleito fuiste;
contra mí le sentenciaste.
Por ti padezco la pena
de cautiverio tan grande
y pesado que mi vida
será el precio del rescate
y, puesto que la ofendida
soy, y tú quien te vengaste,
vete, y no vuelvas a verme;

(Rasga el papel.) porque si en estos umbrales
pones las plantas, haré,
¡vive el cielo! que te mate
Ludovico, a quien tú propio
me vendiste, no mi padre
puesto que los dos fuimos,
yo infeliz y tú cobarde.

(Vase. [Ludovico está] al paño.)

Ludovico	¿Qué escucho? ¡Válgame el cielo!
Feliciano	¿Que a tu decoro mirase entonces culpas, Octavia?
Juana	¡Gentil disculpa! ¿Pensaste que era pleito de revista?
Feliciano	¡Sin mí estoy!
Juana	Vete; que es tarde y vendrá su esposo.

(Dentro.)

Ludovico	¡Hola!
Juana	Mejor será que te halle solo. Adiós.

(Vase.)

Feliciano	Vete; que yo tengo disculpa bastante.

(Sale Ludovico.)

Ludovico (Aparte.)	(¡Loco estoy! «Que los dos fuimos, yo infeliz y tú cobarde.»)
Feliciano	¿Ludovico?
Ludovico	¿Feliciano?

Feliciano	A veros en este instante entré; mas ya me volvía.
Ludovico	Ved si tenéis qué mandarme.
Feliciano	La hacienda mía de campo quisiera que vos compraseis; pero esto se ha de tratar muy despacio y ahora es tarde.
Ludovico	Yo iré a buscaros.
Feliciano	Adiós.

Vase.

Ludovico (Aparte.)	Vuestra vida el cielo guarde. (Para que yo te la quite.) Pero mi peligro es grande porque son muchos sus deudos, y son los más principales de la ciudad, con que es fuerza cuando con la vida escape, el perder toda mi hacienda. Y si él primero fue amante de Octavia, y es ella el pleito que perdió, no es tan culpable en Feliciano mi ofensa. Este papel, al entrarse, Octavia rompió. ¡Qué ciego es amor! Pero el juntarle para que leerle pueda sin mucho espacio no es fácil.

Letra es de mujer. Sin duda
es de Octavia. En esta parte
dice: «Feliciano mío».
¡Respirando estoy volcanes!
Ya declinó mi fortuna.
En éste dice: «asustarte».
En ésta: «Tuya es Octavia».
Primero verás, infame,
tu muerte, ¡viven los cielos!

(Vuelve a arrojar los pedazos. [Está Juana] al paño.)

Juana   ¿Que los pedazos dejase?
Mas no ha reparado en ellos;
no sé cómo los levante.

(Sale Juana.)

Ludovico   ¿Qué quieres?

Juana   Ando buscando
pedazos de papel.

Ludovico (Aparte.)   (Tarde
lo previno.) ¿Para qué?

Juana   Estoy con un mal de madre
y el humo de los papeles
me le quita.

Ludovico   No es tan fácil
para tu mal el remedio.

Juana   Éste no es mal; que es achaque.

Ludovico	Así lo entiendo. ¿Qué esperas? Vete de aquí.
Juana (Aparte.)	Que me place. (¡Jesús, qué cara! Del mundo me fuera por no mirarle.)

(Vase.)

Ludovico	No me toca a mí matar a Feliciano en rigor. A Octavia entregué mi honor y de ella le he de cobrar primero que a ejecutar llegue su vil hermosura mi afrenta, porque es locura el creer que, enamorada y a su disgusto casada, puede haber mujer segura.
	Mis manos en su garganta podrán impedir que acudan a sus voces las criadas, y ahogada... Pero ya culpa mi cólera la tardanza.

(Al irse, sale Luzbel por la misma puerta y le detiene.)

Luzbel (Aparte.)	Dale a San Francisco alguna limosna. (¡Que yo impidiera de Octavia la muerte injusta! Mas Dios lo manda.)

Ludovico   No sé
cómo no temes mi furia,
fraile, fantasma o demonio.
Sin duda tu muerte buscas.
¿Qué me persigues si sabes
ya, por experiencias muchas,
que en mí no ha de hallar limosna
tu religión ni ninguna?
¿Qué me quieres?

Luzbel   Reducirte;
que la Omnipotencia suma
me lo manda y es forzoso
que con sus órdenes cumpla.
Y puesto que le obedece
quien de los filos y puntas
de la invencible guadaña
no puede temer la furia,
obedece tú. No esperes
que el término de tus culpas
llegue; que está ya muy cerca.
Dale, Ludovico, alguna
parte a Dios de las riquezas
que en esas arcas ocultas
para que por ese medio
puedas aplacar su justa
indignación, y piadoso
sus auxilios te reduzcan
a restituir.

Ludovico   Detente.
Que me admiro de que sufra,
¡viven los cielos!, mi rabia
tus descompuestas locuras.

68

¿Yo limosna? Vete luego;
que mi hacienda, poca o mucha,
mi fortuna me la ha dado.

Luzbel   Ludovico, no hay fortuna
ni es la que tu hacienda llamas
absolutamente tuya.
Y no solo la adquirida
con viles cambios y usuras
oro es toda de quien la goza,
sino la del que madruga
para el trabajo a la aurora
comiendo de lo que suda.
Todos los que en esos campos,
tal vez con piadosa lluvia,
de la tierra, común madre,
rompen las entrañas duras,
y en sus senos animosos
por depósito sepultan
del antecedente agosto
la rica mies grana y rubia,
después de muchos afanes
y esperanzas mal seguras,
como a dueño de la tierra,
su diezmo a Dios le tributan.
Y él lo entrega a sus ministros
con orden de que consuman
en sí solo lo que basta,
conforme el puesto que ocupan.
Y como sus mayordomos
en los pobres distribuyan
lo demás, que Dios en ellos
todas sus rentas vincula.
Cuantos adquieren riquezas

con lo que al pobre le usurpan,
no verán de Dios la cara
si no es que la restituyan
como les fuere posible.
Y esto ninguno lo duda
pues: ¿Cómo tú de la hacienda
dueño absoluto te juzgas
siendo corneja vestida
de tantas ajenas plumas?
Imprudente almendro, advierte
que según mis conjeturas
será de infinitas plantas
escarmiento tu locura.

Ludovico   En tu vida he de vengar,
                hipócrita, mis injurias.

Luzbel   No te muevas, que no sabes
                quién soy. Atento me escucha.
                Mira que en ti solamente
                no hay resquicio ni disculpa
                porque el común enemigo
                de todos tu bien procura,
                no solo por oprimido,
                mas también porque, sin duda,
                le ha de quitar muchas almas
                el ejemplo de la tuya.
                Goza ocasión tan dichosa.
                Ni tus potencias perturba
                ningún espíritu impuro
                ni tus sentidos ofusca.
                Justicia y misericordia
                tu arrepentimiento, ayuda.
                Mira que de su justicia

la divina espada empuña,
y que su inmensa paciencia,
que es la vaina que la oculta,
se ha cansado ya. ¿Qué aguardas?
Mira que ya la desnuda.
Mira que el brazo levanta.
Mira que el golpe ejecuta.

Ludovico   Ya me arrepiento.

Luzbel (Aparte.)   (¡Oh, pese
al infierno!) Pues, ¿qué dudas?
La caridad es la puerta
del perdón. Por ella busca
la entrada. Dame limosna.

Ludovico   Eso no.

Luzbel   ¡Vil criatura,
peor que Luzbel te juzgo!
Pues si él pudiera, sin duda
fuera su arrepentimiento
tan grande como su culpa,
y tú, pudiendo, no quieres.

Ludovico   Pues esta vez, aunque huyas
te he de matar.

Luzbel   No te acerques
porque haré que se reduzca
tu forma a menos que a tierra;
que aun eso no has de ser nunca.

Ludovico   ¡Hola, Alberto, Celio! Este hombre me atemoriza y asusta.

(Salen Alberto, Celio, Octavia y Juana.)

Celio   Señor, ¿qué mandas?

Octavia   ¿Qué es esto?

Alberto   ¿Por qué das voces?

Juana   Sin duda
que ha sido el fraile la causa.

Ludovico   ¡Que en mi casa no se cumpla
lo que mando! ¿No os he dicho
que no dejéis entrar nunca
a este fraile?

Celio   Por la puerta
no ha entrado.

Alberto   Es cierto.

Juana   Sin duda
que es santo.

Octavia   Padre, por Dios,
que excuse una desventura.

Luzbel   A estorbar la vuestra vine.

Octavia   ¿La mía?

Luzbel   Sí.

Octavia	Fuera injusta.
Luzbel	Ya sé que está inocente mas los indicios os culpan.
Octavia	Pues, ¿qué haré?
Luzbel	Yo nada os puedo aconsejar; que la fuga es confesaros culpada.
Octavia	Yo espero en la siempre pura madre de Dios que me ampare.
Ludovico	Hombre, vete y no presumas que mi firme intento muden tus palabras importunas; que aunque fueran mis riquezas las de Creso y Midas juntas, no hallarás en mí limosna.
Luzbel	No hemos menester la tuya. Tú necesitas de darla que a mis frailes sobran muchas pues que con ellas sustentan trescientos pobres en Luca. Ya te dejo; pero mira no añadas culpas a culpas; que está inocente quien piensas que tu deshonor procura.
(Aparte.)	(¡Que mi soberbia impaciente en tan infame coyunda oprima el Criador Eterno!

¡Oh nunca, Francisco, oh nunca
a humildad tan poderosa
se opusieran mis astucias!)

(Vase.)

Ludovico (Aparte.)   (Éste sabe ya mi afrenta.
En la quinta, más oculta
podrá estar su muerte en tanto
que pueda salir de Luca
poniendo en salva mi hacienda.)

[Hablan aparte las dos.]

Juana   Lo mejor será que huyas.

Octavia   ¿Eso dices, necia?

Ludovico   Octavia,
este fraile me disgusta
tanto que por unos días,
por ver si en ella me busca,
nos hemos de ir a la quinta.
¿Qué dices?

Octavia   ¿Eso preguntas?
¿Qué puedo decir si sabes
que mi voluntad es tuya?

Ludovico   Celio, haz poner la carroza.
Tú, Alberto, para que suplas
en los negocios mi ausencia,
te quedarás.

Alberto	Pues tú gustas, yo lo haré.
Ludovico	Vamos, Octavia.

[Hablan aparte las dos.]

Juana	Mira que éste disimula su enojo para matarte.
Octavia	Mi inocencia me asegura.
Ludovico (Aparte.)	(Primero verás, infame, tu castigo que mi injuria.)

(Vanse. Sale fray Antolín.)

Antolín   El jumentillo mi maña
envió con el donado
y salga desafiado
de mi hambre a la campaña.
   Y esta vez la he de matar
sin que la persecución
de aqueste fraile Nerón
de mí la pueda librar.
   Cuanto yo escondo me quita,
porque otro no puede ser,
sin que me pueda valer
la parte más exquisita.
   Ningún regalo consigo
que en manos suyas no caiga
y me ha obligado a que traiga
todos mis bienes conmigo.
   Las mangas traigo rellenas.

El peso, con la costumbre,
no me dará pesadumbre
y servirán de alacenas.

Mucho es que este fray Forzado
con tal trabajo no enferme;
porque ni come ni duerme
que es espíritu he pensado.

Porque lo que más asombra,
yendo juntos por la calle,
es cuando vuelvo a miralle
que su cuerpo no hace sombra.

Otro convento fundando
está ya, con prisa tanta,
que todo el lugar se espanta;
pero siempre regañando.

Dentro del pecho presumo
que toma tabaco de hoja
porque el aliento que arroja
por las narices es humo.

Él me ha dado en perseguir
y en no dejarme comer;
mas hoy no le ha de valer
porque él ha de presumir

que ya estoy en el convento
y merendaré seguro.
Ya estoy muy lejos del muro;
en este altillo me siento,

que todo lo señorea
porque si alguno pasare,
primero que en mí repare,
es fuerza que yo le vea.

Polla, empanada y pernil
traigo; que es bueno imagino
el pan, mas lo que es el vino

puede arder en un candil.
A Heliogábalo me igualo
y nunca el comer condeno
si lo que se come es bueno
porque todo es de regalo.
   Yo, en fin, no tengo otro gozo;
mi estómago es un abismo
y cuanto como es lo mismo
que si cayera en un pozo.
   No ha de estar de manifiesto
todo; conforme comiere
saldrá, porque si viniere
alguno, lo esconda presto.
   Salga el pernil.

(Sale Luzbel.)

Luzbel   ¡Qué cruel,
Señor, os mostráis conmigo!
¿Yo amigo de mi enemigo?
¿Sirviendo al hombre Luzbel?
   ¡Oh, pese a la pena mía!
¿De Francisco sustituto
es, oh Poder Absoluto,
quien quiso dar luz al día?
   ¡Basta tan fiero tormento!
Y cuanto me habéis mandado,
Señor, está ejecutado;
que de este rico avariento
   la posterva obstinación
solo la podrá vencer
vuestro absoluto poder.
A estorbar la ejecución
   de dar muerte a su mujer

voy. (Ya el lego se ha sentado
a comer lo que ha ocultado
de mí; mas no ha de comer
   nada de lo que ha traído.
De esta suerte haré que crea
que no le he visto y me vea.)

Antolín   ¡Pardiez, que no le ha valido
                      a fray... ¡Válgame San Pablo!
                      ¿Cómo este fraile llega
                      tan cerca sin verle yo?
                      Santo es... mas no es sino diablo.
                      No me ha visto.

(Guarda lo que estaba comiendo.)

Luzbel (Aparte.)   (Ya guardó
                      lo que a comer empezaba.)

Antolín   Pues que no puedo escaparme.
                      Preciso es llegar. Deo gratias.

Luzbel   ¿Fray Antolín?

Antolín   Padre mío,
               ¿dónde va?

Luzbel   Voy a la granja
                      o quinta de Ludovico
                      a impedir una desgracia;
                      mas él, ¿a qué vino al campo?

Antolín   Es que le médico me manda
                      que ande todo lo que pueda

y sea por tierra llana
porque tengo humores gruesos.

Luzbel   Si en el comer se templara
los humores consumiera.
Seis frailes se sustentaran
con lo que el padre Antolín
come.

Antolín   No tengo otra falta.

Luzbel   De esa se originan muchas
porque la regla relaja
de su padre San Francisco.
Y la devoción estraga
también de sus bienhechores,
viéndolo por las mañanas
y aun por las tardes tomar
chocolate en veinte casas.

Antolín   Padre, lo que me dan tomo
y esto mi regla lo manda.

Luzbel   Mas esto se entiende cuando
con necesidad se halla.

Antolín   Muchas veces he querido
vencer de mi hambre el ansia;
mas no he podido, que luego,
con los regalos que sacan,
me engaña el demonio.

Luzbel   ¡Miente!
Su flaqueza es quien le engaña.

¿Hale propuesto el demonio
alguna vez, entre tantas,
que la gula no es pecado?

Antolín

No, pero gula se llama
comer sin gana, y a mí
jamás me faltó la gana.

Luzbel

Su hambre y la sed que tienen
los hidrópicos son falsas.

Antolín

No tal; que cuanto yo como
es salida por entrada.

Luzbel

¿No come en refectorio
de pan como de vianda
la ración suya y la mía?

Antolín

Sí, padre.

Luzbel

Pues, ¿no le bastan?

Antolín

Dos raciones son, hermano,
para mí dos avellanas.

Luzbel

Que no reviente me admira.

Antolín

Gracia ha tenido.

Luzbel

Se engaña;
que, a tener gracia, no hubiera
perdido, hermano, mi patria.

Antolín

¿Su patria perdió por eso?

Luzbel	Sí, porque perdí la gracia de mi rey y fue preciso, aunque a mi pesar, dejarla.
Antolín	¿Qué reino es ese?
Luzbel	Está en clima tan remoto que argonauta ninguno le ha descubierto, y será noticia vana.
Antolín	Pues, si no le han descubierto, ¿quién le trajo al padre?
Luzbel	¿Cuántas veces he dicho a los padres que Dios?
Antolín	La boca me tapa. Allí vienen unos pobres.
Luzbel	¡Ah, hermanos!
Antolín	¿Por qué los llama? Déjelos; que andan buscando sitio para su matanza.
Luzbel	Lleguen, hermanos.
Antolín	Si aquí no podemos darles nada, ¿qué los quiere?

Luzbel	Si tuviere
	necesidad, no faltara.

(Salen tres pobres.)

Pobre I	Nuestro santo limosnero
	es.

Pobre II	Padre mío.

Pobre III	Bien haya
	quien por nuestro bien le trajo
	a Luca.

Luzbel (Aparte.)	(Y por mi desgracia.)
	¿Comieron en el convento?

Pobre I	Llegamos tarde.

Antolín	Eso es trampa;
	que a los tres, y yo presente,
	les dieron hoy su pitanza.

Pobre I	Pero tengo seis chiquillos
	y a mi mujer en la cama.

Antolín	Si de esa suerte procrea,
	¿quién a sustentarlos basta?

Pobre II	Pues yo tengo nueve, y nunca
	sale mi mujer de casa
	porque es manca y es tullida.

Antolín	Nueve ha parido, ¿y es manca?

Váyanse con sus mujeres
a una isla despoblada;
que en poco tiempo pondrán
un ejército en campaña.

Pobre III
Yo no tengo hijo ninguno;
mas tengo un padre que pasa
de noventa años.

Antolín
En vano
refieren aquí sus plagas;
vayan después al convento.

Luzbel
Mucho siento que no traiga,
hermano, algún regalillo
para la que está en la cama
enferma. Mírelo bien,

Antolín
¿Qué he de mirar? ¿Es matraca?

Luzbel
Pues yo los llamé y es fuerza
que lleven algo...

Antolín
Pues haga
que una docena de cuervos
en los picos se lo traigan;
que aquí no hay otro remedio.

Luzbel
Sí habrá. Tengo confianza
y a sus mangas eche, hermano,
la bendición.

Antolín (Aparte.)
(No hay humanas
diligencias contra este hombre.

                        Él me vio comer.)

Luzbel   ¿Qué aguarda?

Antolín   Mejor será que eche el padre
                    la bendición a sus mangas
                    y deje las manganetas.

Luzbel   No me replique palabra,
                    porque haré...

Antolín   Ya le obedezco;
                    pero de tan mala gana
                    que no será de provecho.

Luzbel   La bendición ya está echada.
                    Mire ahora lo que el cielo
                    envía.

Antolín   No envía nada.
                    Güero salió este milagro.

Luzbel   No gaste conmigo chanzas.
                    Saque de la manga izquierda
                    medio pernil, que ése basta
                    para ese pobre y su padre.

Antolín   Aquí no hay remedio.

Pobre II   ¡[Extraña]
                    maravilla!

Pobre III   Sí, por cierto.

84

Luzbel	Cocido está.
Pobre I	¡Cosa rara!
Antolín (Aparte.)	(Y aun digerido estuviera si un instante se tardara el padre.)
Luzbel	Déle a ese pobre.
Antolín	Mejor es que le reparta entre los tres.
Luzbel	No le pido consejo. Déle a Dios gracias, y tenga fe.
Antolín (Aparte.)	(Los milagros como éste se obran con mala.)
Luzbel	Désele, pues.
Pobre II	Venga.
Antolín (Aparte.)	Tome. (Y mal provecho te haga.)
Luzbel	Para este pobre que tiene a su mujer en la cama, saque una polla.
Antolín	Si hay polla que quede repuesta basta.

Luzbel	Ya le he dicho...
Antolín (Aparte.)	No se enoje. (¡Los diablos lleven tu alma!) Aquí está ya. Tome.
Pobre I	Y viene cocida y salpimentada.
Antolín (Aparte.)	(La salpimienta se vuelva solimán.)
Luzbel	Una empanada que tiene dentro un gazapo y está en la derecha manga, saque al momento.
Antolín	Laus Deo. Tome.
Pobre III	Quien con Dios alcanza tanto, eternamente viva.
Luzbel (Aparte.)	(Ésa es mi mayor desgracia.) Saque un pan.
Pobre I	Un pan es poco.
Antolín	No hay más.
Pobre I	Habrá sido mala la cosecha, pues no envían más de un pan.

Pobre II	Pan no nos falta.
Pobre III	Mucho nos dan, porque este año le abarató la abundancia.
Antolín	Pues tierras hay que, aunque fuera un pan cada gota de agua, lloviendo a pedir de boca el pan no se abaratara.
Pobre I	Padre, ¿habrá un trago de vino?
Antolín	¿Vino también? ¡Calabaza!
Luzbel	Pues saque una.
Antolín	Padre mío, advierta que es cargo de alma. Déjele para las misas; que es vino del cielo.
Luzbel	En casa tienen de ese propio vino. ¿Qué espera? La calabaza les dé.
Antolín	Tomen; que mejor les diera calabazadas.
Luzbel	Ya se pueden ir.
Pobre II	Primero nos deje besar sus plantas.

Luzbel   Apártense allá.

Pobre III   No quiere
                    que le agradezcamos nada.

Luzbel   Váyanse.

Pobre II   Adiós, padre mío,
                    (¡No vi aspereza tan santa!)

(Vanse [los pobres].)

Luzbel   Diga, ¿parécelo justo
                    hacer despensas las mangas
                    de un hábito tan sagrado?

Antolín   Padre...

Luzbel   No me diga nada.

Antolín   Por amor de Dios le pido
                    que de esto se sepa nada
                    ningún religioso, y déme
                    su caridad mil patadas.

Luzbel   No lo sabrán, pero haré,
                    si de enmendarse no trata,
                    que el padre Guardián le envíe
                    sin el hábito a su casa
                    o choza, donde comía
                    después de estar con la azada
                    trabajando todo el día,
                    unos tasajos de cabra.
                    En el refectorio coma

cuanto le pidiera el ansia
de su vil naturaleza;
que hasta que la satisfaga
le traerán lo que pidiere;
mas no ha de tomar ni aun agua
en otra parte. Y advierta
que no se me esconde nada.

Antolín   Digo, padre fray Forzado,
                   que haré todo lo que manda.

Luzbel   Ya va llegando a la quinta
                   Ludovico con Octavia.

Antolín   ¿Desde aquí los ve?

Luzbel   Mi vista
                   mucho más lejos alcanza.
                   Camine, Antolín, que allá
                   le aguardo.

Antolín   ¿Que allá me aguarda?
                   Pues, ¿no iremos juntos?

Luzbel   No;
                   que cuando del coche salgan
                   es fuerza hallarme presente.

Antolín   Pues si hay una legua larga,
                   ¿cómo ha de llegar a tiempo?

Luzbel   A mí un instante me basta.

(Vase.)

Antolín	¡Jesús mil veces! El viento
	le llevó. Ya no me espanta;
	que, sin haberle yo visto,
	tan cerca de mí llegara
	ni que por extenso viera
	cuanto traía en las mangas;
	mas pasarme todo un día
	comiendo una vez es chanza
	y, supuesto que no hay parte
	de su vista reservada,
	como me lo fueren dando
	lo esconderé en mis entrañas.

(Vase. Salen Feliciano y Celio.)

Celio	Si dices que te ha avisado
	Juana de que receloso
	está ese hombre, ¿no es forzoso
	creer lo que ha recelado
	si en su quinta estás primero
	que él llegue?

Feliciano	O es cierto o no
	lo que Juana me avisó.
	Si es cierto, por caballero,
	por primo suyo y amante
	a Octavia debo librar.

Celio	¿Y quién te ha de asegurar
	de si es cierto?

Feliciano	Su semblante;
	que si es cierto que ha sabido

con verdad lo que ha pasado,
yo soy el que le ha agraviado;
que Octavia no le ha ofendido.
    Y viéndome solo aquí,
puesto que tiene valor,
o yo lograré mi amor
o él se vengará de mí.
    Con los caballos espera,
de esos robles encubierto.

Celio   ¿Por qué, si quedó Roberto
con ellos?

Feliciano   Porque pudiera,
si estamos dos, encubrir
su intención, si es que la tiene;
mas ya la carroza viene.
Sin duda quieren salir
    de ella porque se ha parado.
Vete.

Celio   Acechando estaré
y si importase, saldré;
pero ten mucho cuidado
    que es fiero.

Feliciano   Él lo da a entender;
pero de esto mismo infiero
lo contrario; que no es fiero
quien lo quiere parecer;
    mas ganaré por la mano
si al verme muda el color.

Celio   El plomo lo hará mejor.

(Sale Luzbel.)

Luzbel   ¿Adónde vais, Feliciano?

Feliciano   Padre...

Celio   ¿Por dónde ha venido
                        el santo?

Feliciano (Aparte.)   (Admirado estoy
                        y turbado.) Padre, voy...

Luzbel   Ya sé lo que os ha traído.
                        Y no es justo que me espante
                        querer en esta ocasión
                        cumplir con la obligación
                        de caballero y amante;
                            pero no paséis de aquí.
                        Volveos por la arboleda
                        sin que Ludovico pueda
                        veros, y dejadme a mí;
                            que vos podréis en rigor,
                        si os ayudare la suerte
                        de Octavia excusar la muerte,
                        mas no quitándola el honor;
                            pues quien aquí me ha enviado,
                        vida y honor le dará
                        y a su esposo templará.
                        Bien podéis ir confiado.

Feliciano   Advierta su caridad
                        que este hombre le ha de perder
                        el respeto, y puede ser

	que le arroje su maldad
	a otro mayor desvarío.

Luzbel   Trayendo yo, Feliciano,
orden de Dios, no hay humano
poder que resista el mío.

Celio   Presto; que el coche han dejado.

Feliciano   Ya le obedezco gustoso,
varón santo.

Celio   ¡Prodigioso!
En fin, de Dios enviado.

(Vanse.)

Ludovico   Señor, si por tantos modos
podéis vos librar del riesgo
a esta mujer, y también
reducir a ese protervo,
rebelde, avariento monstruo
solo con el querer vuestro,
pues redujo la codicia
del publicano Mateo,
¿por qué a mí me lo mandáis
sabiendo vos que no puedo?
Pero ya los dos se acercan
y Octavia, aunque con recelo,
viene animosa, fiada
del justo devoto afecto
que a la siempre virgen pura
tiene. Que la ampare creo;
que inocencia y fe aseguran

que es ya divino el empleo.
Mas ya llegan.

(Salen Ludovico y Octavia.)

Octavia   ¿Para qué,
                        cuando tan cerca tenemos
                        la quinta, el coche dejamos?

Ludovico   Pero eso mismo le dejo.

Luzbel (Aparte.)   (Por causarle más espanto
                        hasta que quiera su intento
                        ejecutar, no ha de verme,
                        y entonces me pondré en medio.)

Ludovico   Que solo te traje, Octavia
                        para dejar satisfecho
                        mi agravio en tu infame vida.

Octavia   Tú te agravias en creerlo,
                        porque yo no te he ofendido
                        ni aun con solo el pensamiento;
                        que si le hubiera tenido,
                        bastante lugar y tiempo
                        tuve de ponerme en salvo;
                        pues de tu falso recelo
                        me envió el cielo el aviso
                        con el padre limosnero
                        de San Francisco.

Ludovico   Pues ya
                        ni ese mágico ni el cielo
                        de mí han de poder librarte.

94

Octavia	Escucha.
Luzbel	Tente, blasfemo; que si permisión tuviera de quien por fuerza obedezco, yo solo te convirtiera en cenizas con mi aliento.
Ludovico	Tus descompuestas palabras confirman que tus portentos son en virtud del demonio; pero lograré mi intento, a tu pesar, con su muerte.
Luzbel	La tuya verás muy presto si no le pides perdón a Dios, y repartes luego en los pobres tus tesoros, pues tienen más parte en ellos que tú.
Ludovico	¡De cólera rabio! Encantador, embustero, ¿dónde te escondes?
Octavia	¡Señora, pues vos sabéis que no tengo culpa, libradme de este hombre!
Luzbel	Advierte, pecador ciego que está tu fin muy cercano.
Ludovico	Sombra o fantástico cuerpo,

si amenazas, ¿por qué huyes?
Mas vengaré por lo menos
en esta mujer mi agravio.

[Le mata a Octavia con su espada.]

Luzbel   Detente.

Octavia   Sin culpa muero.
¡Virgen, dadme vuestro amparo!

(Cae como muerta.)

Ludovico   ¡Muere, infame!

(Vase.)

Luzbel   Pues, Eterno
Señor, ¿cómo me impedís
que con impulso violento
guarde de Octavia la vida,
pues de otra suerte no puedo?
Ya dejándola por muerta,
vuelve a la carroza el fiero
homicida.

(Sale fray Antolín.)

Antolín   Padre mío,
¿qué ha sucedido, que huyendo
va Ludovico?

Luzbel   Su vista
le informará del suceso.

¿No ve a Octavia en ese campo?

Antolín   ¡Jesús! Pues, ¿no llegó a tiempo
de impedirlo?

Luzbel   A tiempo vine,
mas sin duda fue decreto
soberano.

Antolín   ¿No la absuelve?

Luzbel   Ya expiró; pero ¿qué es esto?

Antolín   ¿De qué se ha quedado absorto?

Luzbel   Confuso estoy.

Antolín   Vamos presto,
y llevémosla a la quinta.

Luzbel (Aparte.)   (Algunos de sus portentos
quiere obrar Dios con Octavia.)

Antolín   ¿A qué aguarda? Vamos presto.

Luzbel   Que ni al infierno ha bajado
el alma, ni subió al cielo,
ni ha entrado en el purgatorio,
y naturalmente ha muerto.

Antolín   Pues hace tantos prodigios
por cosas que importan menos,
a esta dama resucite,
pues a sus ojos la han muerto;

que es milagro obligatorio.

(Aparte.)   (Ahora sabré de cierto
si éste es santo o es demonio;
mas orando está.)

(Baja en la tramoya que mejor parezca, una niña que haga la Virgen, acompañada deángeles y llega hasta Octavia y tócala con las manos.)

Luzbel (Aparte.)   (Ya veo
de mi duda el desengaño;
que, haciendo la tierra cielo,
cercada de querubines,
baja la madre del Verbo,
la ocasión de mi delito,
la causa de mi destierro.
¿Que sola una devoción
que os tiene —ide mí blasfemo!—
a tanto extremo os obligue?
Pues, ¿quién no es devoto vuestro
de cuantos a Dios conocen
si no es yo, porque no puedo?)

Antolín (Aparte.)   (Con Dios, sin duda, está hablando;
que hace visaje y gestos
como suelen las beatas.)

Luzbel (Aparte.)   (iOh, reniego de mí mesmo!
(Póstrase.)   Postraréme a pesar mío
pues a la opresión que tengo
me añade el Criador que sea
testigo de mi tormento.)

Antolín   Padre, padre, ¿con quién habla?
iJesús mil veces! El fuego

que arroja me ha chamuscado.
Si acaso no es diablo, es cierto
que es alma del purgatorio.

Luzbel   (Ya llega al cadáver yerto.
Ya con sus divinas manos
la toca, y a un mismo tiempo
el alma a su mortal cárcel
vuelve, y el vital aliento.
Ya vuelve a ocupar su trono
y ya su guardia, tendiendo
las cuchillas de las alas,

(Tocan, y vuelve a subir en la misma tramoya.)

cortan con su Reina el viento.)
Levante del suelo a Octavia,
hermano.

Antolín   Solo no puedo;
que pesa mucho un difunto.

Luzbel   Viva está.

Antolín   Como mi abuelo.

Luzbel   Haga lo que le digo
sin replicar.

Antolín   Mas, ¿qué veo?
¡Voto a tal, que se revuelve!

(Salen Feliciano y Celio.)

Feliciano   Si tú le viste corriendo
                   y solo, muerta es Octavia;
                   pero aunque la oculte el centro
                   de la tierra...

Luzbel   Feliciano,
                   reportaos.

Feliciano   De vos me quejo
                   más que del vil Ludovico.

Octavia   ¡Qué soberano consuelo!
                   Mas, ¿qué es lo que estoy mirando?

Antolín   Pues aquí no hay embeleco
                   santo es a macha-martillo.

Feliciano   ¿Octavia mía?

Luzbel   Teneos,
                   Feliciano.

Octavia   Padre mío,
                   déjeme que bese el suelo
                   que pisa.

Luzbel   Apartad, señora;
                   que la que es Reina del Cielo
                   os dio la vida.

Octavia   Y también
                   su intercesión.

Luzbel (Aparte.)   (Esto siento

más que todas mis desdichas.)

Octavia   Que salgáis de Luca os ruego,
                            Feliciano.

Feliciano   Y aun de Italia
                            toda salir os prometo
                            si os volvéis con vuestro padre.

Luzbel   Hay mucho que hacer primero
                            que de su ausencia se trate;
                            quede este caso secreto
                            por dos días, que conviene.
                            Vos, Feliciano, volveos
                            a la ciudad; que yo a Octavia
                            pondré donde esté sin riesgo.

Feliciano   Preciso es que obedezca;
                            pero, ¿no sabré primero
                            lo que ha pasado?

Luzbel   Mañana
                            que lo sepáis os prometo.
                            Idos y llevad sabido
                            que ha importado este suceso
                            mucho a vuestro amor.

Feliciano   Alegre
                            con esta esperanza vuelvo.

(Vase.)

Luzbel   Venid conmigo, señora;
                            que esta noche por lo menos

en casa de una devota
nuestra quedaréis; que luego
dispondrá lo que gustare.

Octavia   Yo, padre mío, no tengo
                     que disponer; mi albedrío
                     a la elección suya dejo.

Luzbel   Vamos; que por el camino
                     sabrá quién del suyo es dueño.

Octavia   Vamos.

(Vase.)

Luzbel   Antolín, camine.

Antolín   Padre, de hambre no veo;
                     por pan me llego a la quinta.

Luzbel   Camine; que en el convento
                     comerá.

Antolín   Padre, una legua
                     es para mí mucho trecho
                     y el estómago se afila.

Luzbel   Pues para que coma luego,
                     yo haré que solo de un salto
                     a la puerta del convento
                     se ponga.

Antolín   Téngase, padre.

Luzbel	Mire si quiere...
Antolín	No quiero. Ya se me quitó la hambre.
Luzbel	Pues ande, y tenga por cierto que es mi poder más que humano.
Antolín	Pues, ¿por qué me advierte de esto?
Luzbel	Porque me ha de hallar muy cerca cuando me juzgue muy lejos. Camine.
Antolín	Vuelvo a mi duda, porque no hay santo soberbio.

(Vanse.)

Fin de la segunda jornada

Jornada tercera

(Salen Octavia y Juana.)

Juana   Admirada estoy, señora,
                         de tu suceso.

Octavia   Mi muerte,
                         como te he dicho, fue un sueño
                         tan gustoso que no puede,
                         Juana, explicarte mi lengua
                         tal gloria, siendo tan breve;
                         pero el santo limosnero,
                         que a todo se halló presente
                         por inspiración divina,
                         me informó de que la siempre
                         virgen y madre, cercada
                         de paraninfos celestes,
                         en mi cuerpo, ya cadáver
                         vio clara y distintamente
                         poner sus sagradas manos.

(Sale Feliciano.)

Feliciano   Y a mí de la misma suerte
                         me lo ha dicho.

Octavia   Pues, ¿qué es esto?
                         ¿Cómo a entrar aquí te atreves?

Feliciano   ¿Cómo? El dueño de esta casa
                         me dio licencia de verte
                         por tu deudo.

Octavia	Mas no sabe
	que tú, Feliciano, eres
	quien me has puesto en el estado
	que estoy, y si no te vuelves,
	dejaré luego esta casa.
Feliciano	Ya cesó el inconveniente
	que tuvo el poder hablarte
	puesto que esposo no tienes.
Octavia	Aunque el padre fray Forzado
	me asegura que la muerte
	dirimió ya el casamiento,
	y a dejarme se prefiere
	libre sin estorbo alguno,
	no quiero yo que lo intente;
	que, aunque tanto le aborrezco,
	como satisfecho quede
	de mi inocencia y su engaño
	Ludovico, he de volverme
	con él a vivir muriendo.
Feliciano	¿Qué es volver?
Juana	¡Jesús mil veces!
	Pues, ¿con hombre tan sin alma,
	y tan sin Dios que no tiene
	seña alguna de cristiano,
	volverte, señora, quieres?
Octavia	Esto es forzoso. Ya voy.
Feliciano	Primero que tú lo intentes,
	le he de quemar en su casa.

Juana	Bien pudiera, por hereje.
Feliciano	Con un hombre que la vida te quitó sin ofenderte; ¡vive Dios...!
Octavia	Indicios tuvo para juzgar evidente su agravio; mas suponiendo que ya con él no volviese, nada conseguir pudieras con eso, porque aunque quede de mi voluntad el dueño y casarme resolviese contigo, ya no es posible.
Feliciano	Pues, ¿quién impedirlo puede?
Octavia	Tú, pues ocasión has dado de que con razón sospeche toda la ciudad que tuvo causa para darme muerte mi esposo, puesto que es fuerza que yo en el pleito confiese toda la verdad del caso, y que, aunque estoy inocente, pudo juzgarme culpada Ludovico, sin que fuese temeridad el creerlo.
Feliciano	¿Y cómo desmentir quieres esa sospecha?

Octavia	Con solo no ser tuya se desmiente.
Juana	Señora, una vez creído maldito el remedio tiene.
Octavia	Sí, tendrá.
Feliciano	Cualquiera es vano, porque, si preciso fuese, bien sabes que, si rompiste un papel, me quedan veinte y que están todos firmados.
Octavia	Y cuando no lo estuviesen, no los negara; mas ya de nada servirte puede presentarlos, pues es cierto que todos esos papeles proscribieron desde el día que, hallándote tú presente, mi infelice casamiento consentiste, pues no tienes que alegar causa ninguna que impedírtelo pudiese.
Feliciano	Causa tuve, y la más justa.
Octavia	Cuando infinitas tuvieses, no te valiera ninguna ya en el estado presente porque, cuando el juez el pleito en favor tuyo sentencie, apelaré a un monasterio

	porque satisfecho quede Ludovico de que nunca tuve intención de ofenderle.
Feliciano	Oye, espera.
Octavia	No me obligues a que dé voces; que el verte me causa horror.
Juana	Es mentira.
Feliciano	No dudo que me aborreces.
Octavia	Necio fueras en dudarlo, pues tantas causas me mueven.
Feliciano	Escucha.
Octavia	Suelta.
(Sale Teodora.)	
Teodora	¿Qué es esto?
Octavia	No es nada; pero no dejes entrar aquí a Feliciano.
Teodora	¿Por qué, siendo tu pariente y a quien le toca tu amparo?
Octavia	Ni de él puedo yo valerme, ni quiero.

Teodora

Pues, ¿de quién pudo
saber en tiempo tan breve
mi casa y que en ella estabas?
Que yo juzgué que viniese
llamado de ti por Juana.

(Sale fray Antolín, alborotado.)

Antolín

Mucho ha sido defenderme
de tantos.

Juana

¿Qué es eso, padre
fray Antolín?

Teodora

¿De qué viene
tan alborotado?

Antolín

Hermana,
ha dado en pensar la gente
que soy santo desde el punto
que fray Forzado, mi jefe,
hizo un milagro a mi costa,
y he menester esconderme
por unos días. Ahora,
cogiéndome de repente
con cuchillos y tijeras
me embistieron más de veinte.
El hábito me quisieron
cortar, y por defenderle,
en muslos, piernas y brazos
he sacado seis piquetes
de la refriega.

Feliciano

Pues, ¿cómo

110

con prodigios tan patentes,
no se le llegan al padre
fray Forzado?

Antolín   No se atreven
porque los atemoriza
con la vista solamente,
tanto que todos se apartan.
No ha habido santo como éste.
Solo porque no le toquen,
no permite que le besen
la manga; pero yo creo
que el hábito es aparente
y aun el cuerpo.

Octavia   ¿Y hoy le ha visto?

Antolín   No quisiera que él me viese.

Feliciano   Él fue, Octavia, quien me dijo
adonde estabas.

Octavia   No puede
fray Forzado haberte dicho
que es justo hablarme ni verme;
que haberte dicho la casa
sería porque supieses,
como tu intención ignora,
que estoy en parte decente,
no para que en ella entraras.

Feliciano   Confieso que razón tienes;
pero ya entré y has de oírme.

Juana	Poco en escucharle pierdes.
Octavia	Di; pero en vano te cansas.

(Hablan los dos [aparte].)

Juana	No digas lo que no sientes.
Teodora	Y el padre fray Antolín,
	de nuestro santo, ¿qué siente?
Antolín	Que me tasa la comida,
	que aunque, sin otro relieves,
	mi ración como y la suya,
	porque él ni come ni bebe,
	me quedo como en ayunas;
	que mi estómago no enciende
	lumbre para dos raciones;
	y cierto que es cosa fuerte
	quitarle a un hombre el sustento.
	Y no debo obedecerle
	contra el natural derecho
	porque yo corporalmente
	por veinte frailes trabajo
	y es fuerza comer por veinte.
Teodora	Pues un pollo le he guardado
	grandecito, con que almuerce,
	salpimentado, y un bollo
	que yo amasé con aceite,
	como de libra, y también
	media azumbre de clarete.
Antolín	Yo necesidad tenía

y bien grande ciertamente;
pero este santo es demonio.

Teodora   Pues aquí no hay que temerle;
que yo cerraré la puerta.

Antolín   Aunque la calafatee,
no estoy seguro de este hombre;
mas los vahidos me tienen
sin vista; tráigalo, hermana,
y venga lo que viniere.

(Vase Teodora.)   Que un pollo con un bollito
de una libra no me puede
dañar, y es parva materia.
Lejos quedó. Cuando llegue,
ya me habré desayunado.

Octavia   Un imposible pretendes.

Feliciano   Ésa es venganza.

Octavia   Te engañas.

(Salen Teodora y Luzbel. [Cada uno por su puerta.])

Teodora   Aquí está tome.

Luzbel (Aparte.)   (No puede
este lego reprimirse;
pero yo haré que escarmiente.)

Antolín   Ya era mancebito el pollo
en verdad.

Teodora	De cuatro meses; para gallo lo guardaba.
Antolín	Pues si gallinas no tiene ¿para qué gallo quería?
Teodora	Para que en casa le hubiese.
Antolín	Crie gallinas; que gallo no le faltará, si quiere.
Teodora	Deje las chanzas, y come por si acaso...
Antolín	Yo soy breve. En cuatro o cinco bocado despacharé.
Luzbel (Aparte.)	(Si pudieres.)

(Áselo de los gaznates.)

Antolín	¡Que me ahogo, que me ahogo!
Teodora	¿Qué es eso, hermano?
Feliciano	¿Qué tiene fray Antolín?
Octavia	¿Qué le ha dado?
Antolín	¡Que me mata! ¡Suelte, suelte!
Feliciano	¿Quién le ha de soltar?

114

Luzbel	Deo gratias. ¿Qué es esto?
Teodora	A buen tiempo viene su caridad porque al padre le ha dado un mal de repente.
Luzbel	Apártense; que no es nada.
Antolín (Aparte.)	(¡Qué disimulado viene! ¿Éste es santo? Lleve el diablo el alma que lo creyere.)
Luzbel	¿Qué ha sido?
Antolín	Buena pregunta; que con dos hierros ardientes me apretaron los gaznates.
Luzbel	Pues yo presumí que fuese, padre, alguna apoplejía; mas para después se quede. Señor Feliciano, ¿vos, en esta casa?
Octavia	Pretende que todo el lugar confirme lo que es fuerza que sospeche.
Luzbel	Bien excusarlo pudierais; pero, de cualquiera suerte, no quedará en vuestro honor el escrúpulo más leve.

Idos, señor Feliciano;
que por ahora conviene
no darle disgusto a Octavia.

Feliciano   En todo he de obedecerte,
padre, por muchas razones;
mas mire que solamente
por hoy le di la palabra
de que estar seguro puede
ese hombre.

Luzbel   Sí; que mañana
no habrá para qué se arriesgue.

Feliciano   ¿Cómo?

Luzbel   Nada me pregunte.
puesto que el plazo es tan breve.

Feliciano   Adiós, Octavia.

Octavia   Él te guarde.

Feliciano   Siendo tuyo...

Octavia   No lo esperes.

Juana (Aparte.)   (Ella es quien más lo desea.)

([Habla Luzbel] a Feliciano.)

Luzbel   Id seguro; que no puede
dejar de ser vuestra, Octavia.

Feliciano	Vida mi esperanza tiene,
	padre, en confianza suya.
(Aparte.)	(¡Prodigioso santo es éste!)

(Vase.)

Luzbel (Aparte.)	(¡Que estos por santo me tengan
	a mayor rabia me mueve
	que la opresión que padezco!)
	Ya, señora Octavia, puede
	disponer de su persona
	como mejor le estuviere.
Octavia	Pues, padre, el intento mío,
	aunque a mi pasión le pese,
	es padecer, mientras viva,
	con Ludovico si él quiere.
Juana (Aparte.)	(También tiene nuestro padre
	su poquito de alcahuete.)
Octavia	Pagar en algo lo mucho
	que debo a Dios y a la siempre
	virgen...
Luzbel	Basta, no prosigas.
	(Auxilio, sin duda, es éste
	que la guarda, que la asiste,
	y aconseja que lo intente
	solo para que merezca,
	sin que a ejecutarlo llegue,
	puesto que ya Ludovico
	su fin tan cercano tiene.
	Quitarla el merecimiento

que en solicitarlo adquiere
fácil fuera; mas no puedo,
pues por tormento más fuerte,
lo mismo he de hacer que hiciera
Francisco.)

Octavia   ¿Qué se suspende?
Si su caridad acaso
juzga que no me conviene,
yo haré lo que me mandare.

Luzbel   El propósito que tiene,
siento que debo aprobarla;
y también que le fomente.
Y, puesto que está resuelta,
vamos; que el tiempo se pierde.

Octavia   Pues, ¿quién le ha de hablar?

Luzbel   Vos misma.

Octavia   ¿Yo, padre?

Luzbel   Nada recele;
que cuida Dios mucho, Octavia,
del que sus pasiones vence.
Solo al desprecio se arriesga
de ese hombre; mas le conviene
para su merecimiento
que le perdone y le ruegue
que otra vez la dé la mano.
(Aparte.)   (Que si ofenderla quisiere,
orden tengo de que impida
su impulso violentamente.)

Octavia	Yo he de obedercerte en todo, cuanto me mande.
Luzbel (Aparte.)	(Bien puede, por ahora.)
Juana	¿Iráste sola?
Luzbel	Segura va, no la deje.
Juana	Vamos; pero si te quedas con él, adiós para siempre; que yo a Florencia me vuelvo.
Octavia	Poco sentirá el perderte quien deja lo que más quiso por lo que más aborrece. Danos los mantos, Teodora.
Teodora	Notable corazón tienes.
(Vanse las tres.)	
Antolín	Ahora entra el diablo y dice...
Luzbel	¿Cómo, si experiencias tiene de que nada se me oculta, no hay orden de que se enmiende habiéndolo yo mandado por obediencia mil veces que en el refectorio coma y beba cuanto quisiere, y no en otra parte alguna?

119

No es fraile quien no obedece;
mas yo haré que, como a bruto,
el castigo le sujete
y en una celda encerrado
a comer poco se enseñe.

Antolín   Padre, como desde anoche
ni aun tripas mi cuerpo tiene,
con vahidos y desmayos,
dando por esas paredes,
entré aquí a desayunarme.

Luzbel   ¿Desayuno le parece,
padre, un bollo de una libra
y un pollo de cuatro meses?
¿Por eso gasta palabras
ociosas, como indecentes?
Que si un áspero silicio
sobre sus carnes trajese,
y comiera lo bastante
para vivir solamente,
no estuviera para chanzas.
Sígame.

Antolín   ¿Dónde me quiere
llevar?

Luzbel   Donde inobediencias
purgue.

Antolín   Yo me haré dos fuentes,
padre, por amor de Dios.
Le pido que no me encierre,
y por aquella que puso

sobre la infernal serpiente...

Luzbel   Yo lo haré. Calle.

Antolín   Ya callo.

Luzbel   Pero advierta que no puede
quedarse sin penitencia.
Dígame, ¿cuál le parece
que cumplirá?

Antolín   Cien azotes,
como otro no me los pegue.

Luzbel   Otra penitencia quiero
darte yo mucho más leve.
Venga conmigo a la casa,
hermano, de este rebelde
Ludovico.

Antolín   ¿Que aún porfía
en pensar que ha de poderle
reducir?

Luzbel   Sí; pero sepa
que el postrero día es éste
y hemos de hacer el esfuerzo
mayor que posible fuere.

Antolín   ¿Y hemos de ir, padre?

Luzbel   Sí;
que puede ser que aprovechen
más cuatro palabras suyas

que cuanto yo le dijere
y esta penitencia sola
le doy.

Antolín   Yo lo haré; mas déme
licencia de que un cuchillo
de monte en la manga lleve
de tres palmos.

Luzbel   ¿Eso dices?

Antolín   Pues, ¿con qué he de defenderme
si me embiste con palabras
malas y nada corteses?

Luzbel   Yo, hermano, le sustituyo
mi poder. De mí se queje
si al instante que le diga
que se tenga, se muriere
aunque esté muy irritado.

Antolín   Pues, vamos; que de esta suerte
yo le pondré como un trapo.
(Aparte.)   (Por si éste engañarme quiere,
me prevendré de guijarros.)
¡Ah, padre!

Luzbel   ¿Qué dices?

Antolín   Que entre
en la penitencia todo,
y por esta vez dispense,
para que me dé osadía
en dos tragos de clarete.

Luzbel	Vaya.
Antolín (Aparte.)	(¡No quedará gota!)
(Vase.)	
Luzbel	¡Que en esto Luzbel se emplee! En buen estado, Criador de Cielo y Tierra, me tienen Miguel vuestro capitán y Francisco vuestro alférez.

(Vase. Salen Ludovico, Celio, Alberto y criados.)

Ludovico	¿Qué el cuerpo no habéis hallado de esta mujer?
Alberto	No, señor.
Ludovico	Ese fraile encantador de secreto la ha enterrado.
Alberto	Claro está, pues se halló allí, que luego la llevaría y sepulcro la daría. Y te ha estado bien a ti porque ya en Luca estuviera público, y teniendo aviso a prenderte era preciso que el Gobernador viniera aunque es tu amigo el mayor.
Ludovico	Ya yo le tengo avisado

y de la causa informado.

Alberto (Aparte.)   (¡Qué gentil gobernador!)

Ludovico   De ésta y cualquier pretensión
de mi parte tengo al juez,
y me pesa que otra vez
no pueda mi indignación
    matarla; pero esta mano
me acabará de vengar;
porque no me he de ausentar
sin dar muerte a Feliciano.
    Ni aun después pienso ausentarme;
que en estando averiguada
mi razón, muy poco o nada
me ha de costar el librarme.
    Solo retirarme quiero
por no ver a este embaidor,
hechicero, estafador
con capa de limosnero.

Alberto   Llamando están [...-ido,
    ....
    ....]

Ludovico   [...] Ve advertido
    de que no dejes entrar
sino al que a comprar viniere
los géneros que no hubiere
en Luca, que han de pagar,
    sobre la falta, el deseo
o los buscarán en vano;
que si la mitad no gano,
¿para qué mi hacienda empleo?

Alberto (Aparte.)   (Lo mismo hace con el trigo.)

Ludovico   Avísame de quién es
                         antes de entrada le des.

Alberto   Claro está

(Vase.)

Celio (Aparte.)   (Grande castigo
                         le ha de dar a este hombre el cielo.
                         No hay seña en él de cristiano.)

Ludovico (Aparte.)   (El matar a Feliciano
                         me causa mucho desvelo;
                             que por agora ha de andar
                         con cuidado y prevención.

(Sale Alberto.)

Alberto   Señor, dos mujeres son
                         las que te quieren hablar;
                             y la una, aunque tapada,
                         de bizarro parecer.

Ludovico   No me vendrán a traer.

Celio   Tampoco a pedirle nada
                         vendrán.

Ludovico   Pues, ¿de qué lo infieres?

Celio   De que ya desengañados

están y aún escarmentados,
los pobres y los mujeres.

Ludovico   Entren pues, y cierra luego.

Alberto   Buscar quiero a quién servir.

(Vase.)

Celio   Hoy me pienso despedir.

Ludovico   Con grande desasosiego
estoy.

Celio (Aparte.)   (No hay en la ciudad
quien, en oyendo su nombre,
no diga que tan mal hombre
no le tiene el mundo entero.)

(Vuelven a salir el Criado, Octavia y Juana, tapadas, y detrás Luzbel y fray Antolín.)

Alberto   Entrad.

Juana   Yo estoy temblando de miedo.

Octavia   Mi arrojo ha sido terrible.

Antolín   Sin duda estoy invisible.
¡Qué linda cosa!

Luzbel   Hable quedo.

Ludovico   ¿Qué me tenéis que mandar?

Octavia	Turbada estoy, ¡ay de mí! ¿Si entró fray Forzado?
Luzbel	Sí.
Octavia (Aparte.)	A solas os quiero hablar. (Ya más animosa estoy.)
Ludovico	Idos.

(Vanse los criados.)

> Ya decir podéis
> quién sois y lo que queréis
> pues ya estoy solo.

Octavia	Yo soy.

(Descúbrese.)

Ludovico	¿Qué miro? ¿Sombra yo? ¡Válgame el cielo! ¡Fantástica visión!
Octavia	Pierde el recelo. No soy visión, no temas.
Ludovico	Susto ha sido que ni medroso estoy ni arrepentido de verte muerta. Si a pedir me vienes que haga bien por tu alma, padre tienes, a él le toca, y también al falso amigo que en mi agravio fue cómplice contigo.

Octavia   Viva estoy. No te vengo a pedir nada;
que, aunque la vida me quitó tu espada,
me la volvió la virgen siempre pura
en cuya confianza fui segura
contigo ayer, por la inocencia mía
y a quien me encomendé cuando moría.
Clara y distintamente
afirma que lo vio fray Obediente
Forzado, a quien confieso, agradecida,
que por su intercesión me dio la vida.
La crueldad te perdono
por la sospecha tuya y para abono
de que no te ofendía
ni aun la imaginación de parte mía,
aunque ya el nudo fuerte
que ató la iglesia desató la muerte,
     otra vez...

Ludovico   Cierra los labios
y vuelve al pecho la voz;
que aun antes de pronunciada
me enfurece tu intención.
Contigo murió mi afrenta
y mi enemigo mayor.
Solo para que viviera
por tu vida intercedió.
¿Qué disculpa puedes darme
si escucharon la traición
de tu boca mis oídos;
si en el papel que rompió,
la queja que de tu amante
tenías, en un renglón
partido vieron mis ojos
firmando mi deshonor?

128

¿Cómo, vil mujer, te atreves
—¡Ciego de cólera estoy!—
a pronunciar que otra vez
vuelva a ser tu esposo yo?
Vete o tomará mi agravio
otra vez satisfacción,
y en esa infame criada
que ayer de mí se escapó
por testigo de mi agravio...

Octavia   Tu necia imaginación
te ha mentido.

Juana   No mintiera
si hubiera podido yo.

Ludovico   Quítate de mi presencia,
y si estás libre tu amor
logre su infame deseo
con quien primero que yo
te tuvo en sus brazos.

Octavia   Miente
tu infame lengua; que el Sol
no llegó a tocar la mano
que mi desdicha te dio.
Y aunque a ser mía otra vez
he vuelto en esta ocasión,
casarme con Feliciano
no le está bien a mi honor.

Ludovico   Ni al mío que vuelvas viva.

Luzbel   No tema.

Antolín	El caso llegó.

Ludovico	Que no ha de poder Francisco
	porque de su religión
	soy contrario, conseguir
	que viva sin honra yo;
	que a su pesar...

Juana	¡Celio, Alberto!

Antolín	¿Llego?

Luzbel	Sí.

(Al querer [Ludovico] sacar la daga, se pone en medio fray Antolín.)

Antolín	Téngase a Dios,
	que es justicia de justicia.

Juana	Como un mármol se quedó.

Luzbel	En esa iglesia me espere;
	que ya con todo cumplió.

Juana	Presto.

Luzbel	No hay que apresurarse.

Juana	¡Lindamente sucedió!

Octavia	Jamás me vi tan gustosa.

(Vanse las dos.)

Antolín	¿Qué mira? Ya se atufó.
Ludovico	Pues, ¿cómo tú...
Antolín	¿Cómo? Sí.
Ludovico	...no has temido?
Antolín	Como no;
	que el poder que fray Forzado
	tiene, en mí sustituyó.
	Estése quedito, y oiga
	con paciencia y atención
	mis elocuentes palabras.
(Aparte.)	(Éste, lo mismo que yo,
	sabe de letras sagradas.)
Ludovico	Soñando sin duda estoy.
Antolín	Dé limosna a San Francisco.
	Cíñase con su cordón
	que él le meterá en cintura
	su estomagado rencor.
	Si no, con su escapulario
	que como estomaticón
	le desbalague o componga,
	como dijo Agamenón.
	Mire que son sus doblones
	los cabellos de Absalón
	y que el demonio por ellos
	le ha de asir. Deje que el Sol
	los vea, pues son sus hijos.
	Dé limosnas a trompón

para los pobres que Él hizo.
Funde un hospital o dos
y case veinte doncellas;
que ya por él no lo son.
Haga todo lo que digo
luego al punto; que si no,
se irá tan derecho al cielo
como el que de allá cayó
y se lo ahorrará de misas
de sepultura y clamor;
que, según su santa vida
y buena disposición,
no tendrá sobre su entierro
la parroquia un sí ni un no.

Ludovico   ¡Lego vil!

Antolín   Téngase, digo;
que soy yo mucho peor
que fray Forzado.

Ludovico   Mi rabia
es ya desesperación.

Antolín   Vomite todos los yerros
que se avestruz ambición
se ha tragado, y descalabre
con ellos a un confesor
con un guijarro como éste.

(Saca de la manga un guijarro.)

(Aparte.)   (No es mala la prevención
por si me embiste de golpe.)

El gran cardenal doctor
se sacudía los huesos
porque la carne voló
como el cútis o pellejo
que el desierto le dejó
pergamino, aunque arrugado,
sonaba como un tambor.

Luzbel   No diga más desatinos.

Ludovico   Un frío sudor
se ha esparcido por mi venas.

Antolín   ¿Por qué no me le dejó?

Luzbel   Calle, que es un loco. Vaya
y diga al Guardián que yo
en esta casa le espero.
No se detenga.

Antolín   Ya voy;
mas su caridad advierta
que es mía la conversión
de este hombre, que ya le dejo
más blando que un algodón.

(Vase.)

Ludovico   Mágico, demonio o santo,
que en mi determinación
todo es uno, ¿qué te importa
que yo me condene o no?

Luzbel   Siendo santo, me importare

mucho dar un alma a Dios;
mas siendo demonio, nada,
que ni tu condenación
me está mejor. El salvarte
me pudiera estar peor
muchas veces, Ludovico,
sin poderlo excusar yo.
Te he dicho que te enmendases
y que advirtiese tu error
que el término de tus culpas
se acercaba. Ya llegó.
Suplica de la sentencia.
Pide espera.

Ludovico   El corazón
se quiere salir del pecho.

Luzbel   ¿Qué aguardas? Pídele a Dios
con ansias que te dé tiempo.

Ludovico   No pueden tener perdón
mis culpas.

Luzbel   No desconfíes;
que ésa es la culpa mayor
que cometen los mortales.
Ponle por intercesor
a Francisco, y porque empiece
a ser tu amigo desde hoy
y en su amparo te reciba,
dale limosna.

Ludovico   ¡Eso no!

Luzbel	Mira que después de aquella poderosa intercesión de la siempre virgen madre, no hay otra alguna mayor para el Juez Divino. Mira que, por ser su opuesto yo, me ha dado el mayor castigo que caber pudo en quien soy. Pídele pues que interceda por ti, que puede con Dios tanto, que es de sus devotos raro el que se condenó. Él hará que te dé tiempo. Pídele su protección y a granjearle comienza. Dale limosna.
Ludovico	¡Eso no! En llegando a dar limosna a Francisco, olvido a Dios.
Luzbel	Pues mira que solo tienes...
Ludovico	No has de causarme temor.
Luzbel	...un breve instante de vida.
Ludovico	Eso acredita que son engaños tus persuasiones. Jamás me sentí mejor.
Luzbel	Señor, ¿ya es tiempo?
(Dentro.)	

San Miguel	Sí.

Luzbel	Rebelde, vil pecador,
	racional, fiero retrato
	mío, por opuesto a Dios,
	tu castigo llegó. Baja
	adonde en llama feroz,
	que ni fulmina ni alumbre,
	seas eterno carbón.

Ludovico	¡Ay de mí!

(Húndese.)

Luzbel	¡Y ay de cuantos
	son ricos con el sudor
	de los pobres! Ya Luzbel
	vuestras órdenes cumplió.
	Criador de cielo y tierra,
	ya tiene la fundación
	principio de ese convento
	que mi obediencia labró,
	ya en Luca con extremo
	general la devoción
	con estos frailes. ¿Qué falta
	para que deje, señor,
	este sayal, que aborrezco
	tanto como le amáis vos?

(Baja en una tramoya San Miguel.)

San Miguel	Luzbel, para que sacudas
	el yugo de tu opresión,

falta que a los pobres vuelvas
lo que a los pobres quitó
ese miserable bruto.

Luzbel   Pues, ¿cómo he de poder yo?

San Miguel   No repliques, que bien puedes,
pues Dios te da permisión;
y mira que solamente
persigas la religión
de Francisco en lo que a todas
pero en su alimento no.

(Vuela. [Sube San Miguel en la tramoya.])

Luzbel   En lo que más les importa
podré vengarme. Astarot,
del infeliz Ludovico
toma luego forma y voz
para ejecutar el orden
que tengo del Hacedor
Eterno.

(Vuelve a subir por donde se hundió el mismo Ludovico.)

Ludovico   Ya obedecido
estás.

Luzbel   Miguel me ordenó
que, primero que sacuda
el yugo de mi opresión,
vuelva a los pobres de Luca
todo cuanto les quitó
el mísero Ludovico;

137

y porque el Gobernador
no lo impida...

Ludovico   Ya te entiendo;
vamos a la ejecución.

Luzbel   Pues, por la ciudad a un tiempo
lo publique una legión
de las muchas de quien eres
capitán porque a tu voz
acuda el pueblo.

Ludovico   Bien dices.

Luzbel   Entra, y desde ese balcón
llámalos.

(Éntrase Ludovico.)

Ludovico   Pueblo de Luca,
ya mi crueldad se trocó
en lástima. Venid todos,
pobres llegad, que otro soy.

(Salen Alberto y Celio.)

Luzbel   Ya se juntan.

Alberto   Padre mío,
¿qué es aquesto?

Luzbel   Obra de Dios.
Quiere repartir su hacienda.

Celio	Pues advierta que a los dos nos debe muchas raciones.
Luzbel	Yo os daré satisfacción.

(Vase.)

Alberto	Todo el pueblo se ha juntado.
Celio	Ya viene el Gobernador.

(Sale el Gobernador, y criados.)

Gobernador	¿Qué es esto? ¿Quién ha causado tan grande alboroto?
Ludovico	Yo.
Gobernador	Pues, qué intentáis?
Ludovico	Que a los pobres vuelvo lo que mi rigor los ha usurpado.
Gobernador	Mas, ¿cómo entre tanta confusión de gente será posible?
Ludovico	¿No lo veis?

(Mira dentro [el Gobernador].)

Gobernador	¡Válgame Dios! Fray Forzado lo reparte

139

solo.

Ludovico (Aparte.)   (Con una legión
                          de espíritus que le asiste.)

(Salen el Guardián, y fray Antolín.)

Antolín   Yo fui quien le convirtió.

Guardián   Calle; que no es Ludovico
                      el que mira.

Antolín   ¿Cómo no?
                      Pues, ¿estoy yo ciego, padre?

Gobernador   ¡Oh, padre Guardián!

Guardián   Señor.

Gobernador   ¿Qué dice de una mudanza
                      tan rara?

(Salen Luzbel, Feliciano, Octavia y Juana.)

Feliciano   ¡Sin vida estoy!

Luzbel   No tema; que Octavia es suya.

Gobernador   Señora, a buena ocasión
                      venís.

Octavia (Aparte.)   (La desdicha mía
                      esta mudanza causó.)

Luzbel (Llegándose a él.)	Ya tengo, padre Guardián de dejarlos permisión.
Guardián	Pues di quién eres y vete sin que les causes horror; que a todo el pueblo mañana referiré el caso yo.
Gobernador	Ludovico, mi señora Octavia...
Luzbel	Gobernador, no prosigas; que ni es éste Ludovico, ni soy yo el que habéis pensado.
Gobernador	¿Cómo?

(Quitándose el hábito [Luzbel].)

Luzbel	Aunque está sin bendición, quitarme el hábito es fuerza que de disfraz me sirvió. Primero que os desengañe escuchadme sin temor. Al infeliz Ludovico vivo la tierra tragó y porque tú no pudieras impedir la ejecución de restituír su hacienda, su misma forma tomó, con orden mía, este impuro espíritu. Luzbel soy. De limosnero he servido

por mandamiento de Dios
a los hijos de Francisco
en pena de que fui yo
de negarles el sustento
esta ciudad, el autor.
El Guardián, que está presente,
a quien Dios le reveló
a todo el pueblo mañana
referirá en su sermón
el suceso más despacio.
Ya entre tus hijos y yo,
Francisco, cesó la tregua.
Ya vuelvo a ser tu mayor
contrario. Mira por ellos;
que si en su alimento no,
en perturbar su virtud
se ha de vengar mi rencor.

(Húndese.)

Gobernador   ¡Raro prodigio!

Feliciano   ¡Espantoso!

Guardián   De todo testigo soy.

Octavia   No estoy en mí, de asustada.

Juana   ¡Buen santo!

Antolín   ¡Que fuese yo
compañero del demonio!

Guardián   Sí, mas como santo obró.

142

Feliciano	Ya no hay estorbo que impida Octavia mi pretensión.
Octavia	Deja que pierda primero de esta desdicha el horror que en fin fue mi esposo.
Gobernador	Es justo.
Feliciano	No puedo negarlo yo.
Antolín	En las jornadas del cielo hallará sin distinción este caso el que lo dude. Merezca, si os agradó, por extraño y verdadero, ya que no aplauso, perdón.

Fin de la comedia

Libros a la carta

A la carta es un servicio especializado para
empresas,
librerías,
bibliotecas,
editoriales
y centros de enseñanza;
y permite confeccionar libros que, por su formato y concepción, sirven a los propósitos más específicos de estas instituciones.

Las empresas nos encargan ediciones personalizadas para marketing editorial o para regalos institucionales. Y los interesados solicitan, a título personal, ediciones antiguas, o no disponibles en el mercado; y las acompañan con notas y comentarios críticos.

Las ediciones tienen como apoyo un libro de estilo con todo tipo de referencias sobre los criterios de tratamiento tipográfico aplicados a nuestros libros que puede ser consultado en Linkgua-ediciones.com.

Linkgua edita por encargo diferentes versiones de una misma obra con distintos tratamientos ortotipográficos (actualizaciones de carácter divulgativo de un clásico, o versiones estrictamente fieles a la edición original de referencia).

Este servicio de ediciones a la carta le permitirá, si usted se dedica a la enseñanza, tener una forma de hacer pública su interpretación de un texto y, sobre una versión digitalizada «base», usted podrá introducir interpretaciones del texto fuente. Es un tópico que los profesores denuncien en clase los desmanes de una edición, o vayan comentando errores de interpretación de un texto y esta es una solución útil a esa necesidad del mundo académico.

Asimismo publicamos de manera sistemática, en un mismo catálogo, tesis doctorales y actas de congresos académicos, que son distribuidas a través de nuestra Web.

El servicio de «libros a la carta» funciona de dos formas.

1. Tenemos un fondo de libros digitalizados que usted puede personalizar en tiradas de al menos cinco ejemplares. Estas personalizaciones pueden ser de todo tipo: añadir notas de clase para uso de un grupo de estudiantes, introducir logos corporativos para uso con fines de marketing empresarial, etc. etc.

2. Buscamos libros descatalogados de otras editoriales y los reeditamos en tiradas cortas a petición de un cliente.

www.ingramcontent.com/pod-product-compliance
Lightning Source LLC
La Vergne TN
LVHW091221080426
835509LV00009B/1100